**全国统计科学研究重点项目**

"我国农村公共服务供给的减贫效应测度与提升对策研究"（编号：2016LZ21）

# 中国农村公共服务供给的减贫效应研究

Poverty reduction effect of
rural public service supply in China

李勇刚 著

POVERTY REDUCTION
EFFECT

中国社会科学出版社

## 图书在版编目（CIP）数据

中国农村公共服务供给的减贫效应研究/李勇刚著.—北京：中国社会科学出版社，2021.5
ISBN 978 - 7 - 5203 - 8525 - 1

Ⅰ.①中… Ⅱ.①李… Ⅲ.①农村—公共服务—扶贫—研究—中国 Ⅳ.①D669.3

中国版本图书馆 CIP 数据核字（2021）第 105919 号

| | | |
|---|---|---|
| 出 版 人 | 赵剑英 | |
| 责任编辑 | 刘晓红 | |
| 责任校对 | 周晓东 | |
| 责任印制 | 戴　宽 | |
| 出　　版 | 中国社会科学出版社 | |
| 社　　址 | 北京鼓楼西大街甲 158 号 | |
| 邮　　编 | 100720 | |
| 网　　址 | http：//www.csspw.cn | |
| 发 行 部 | 010 - 84083685 | |
| 门 市 部 | 010 - 84029450 | |
| 经　　销 | 新华书店及其他书店 | |
| 印　　刷 | 北京君升印刷有限公司 | |
| 装　　订 | 廊坊市广阳区广增装订厂 | |
| 版　　次 | 2021 年 5 月第 1 版 | |
| 印　　次 | 2021 年 5 月第 1 次印刷 | |
| 开　　本 | 710×1000　1/16 | |
| 印　　张 | 14 | |
| 插　　页 | 2 | |
| 字　　数 | 196 千字 | |
| 定　　价 | 78.00 元 | |

凡购买中国社会科学出版社图书，如有质量问题请与本社营销中心联系调换
电话：010 - 84083683
版权所有　侵权必究

# 内容摘要

改革开放以来，我国实施了大规模扶贫开发，经历了专项扶贫、开发式扶贫和精准扶贫等不同的扶贫阶段，脱贫工作取得了举世瞩目的成就，为世界减贫做出了巨大贡献，创造了人类反贫减贫历史上的伟大奇迹，我国也成为世界上较早实现减贫目标的发展中国家。当前，我国扶贫开发进入脱贫攻坚新阶段，仍面临十分艰巨的脱贫任务，到2020年现行标准下农村贫困人口全部实现脱贫，特别是"三区三州"等深度贫困地区，基础条件薄弱、致贫原因复杂、公共服务不足，脱贫难度更大。因此，切实提高我国农村地区尤其是深度贫困地区公共服务供给效率和供给质量，增强农村公共服务的可获得性，提高农村贫困人口享受公共服务的便捷性，从而提升农村公共服务供给的减贫效应，既是深入推进精准扶贫和精准脱贫工作，增强贫困人口自我发展能力的迫切任务，也是构建稳定脱贫的长效机制、打赢脱贫攻坚战、促进乡村振兴和决胜全面建成小康社会的内在要求和重要举措。为此，本书采用"理论梳理、跨学科分析、系统分析、统计分析、比较分析、计量分析、案例分析以及归纳分析"等研究方法，立足于我国脱贫攻坚目标和农村社会经济发展的实际情况，在脱贫攻坚进入决胜期的情况下，研究农村公共服务供给的减贫效应及其提升对策问题。

本书首先从农村公共服务供给效率评价、农村贫困人口的识别、农村贫困程度的测度等维度介绍了国内外学者对农村贫困识别与贫困测度的相关研究成果；进而将农村公共服务划分为教育发展、医疗卫生、基础设施、文化设施、社会保障五种不同类型，详细阐述了学术界对于上述不同类型农村公共服务供给的减贫效应的研究成果，并系统介绍了学术界关于消除农村贫困的政策选择的研究成果，从不同层面系统梳理了国内外学者研究农村贫困和农村公共服务供给的减贫效应的相关成果，界定了贫困、农村公共服务等概念，有助于更好地掌握农村公共服务供给与贫困问题的研究现状，夯实课题研究的理论基础。

其次，了解农村地区公共服务供给状况和贫困现状，有助于更好地掌握现阶段我国农村公共服务供给存在的典型问题与农村贫困的基本情况。为此，课题组利用国家贫困人口统计数据与农村公共服务供给的宏观统计数据，从农村教育事业发展、农村医疗卫生事业发展、农村基础设施建设、农村文化设施建设和农村社会保障发展等层面归纳了我国农村公共服务供给的总体特征，并对农村公共服务供给过程中存在的农村公共服务供给总量不足、供需结构失衡、公共服务供给的城乡失衡、农村公共服务供给效率低下等典型问题进行阐述，剖析产生这些问题的根源；同时，对我国农村贫困的基本情况和典型特征进行描述性分析，归纳得出我国现阶段扶贫开发工作中存在深度贫困问题依然突出、产业扶贫效应有待提升、扶贫资源配置效率较低、扶贫绩效考核机制不健全等问题，从而对我国农村贫困状况有了初步认识，有助于深入地研究农村公共服务供给的减贫效应，并提出更有针对性的政策建议。

又次，从农村基础教育、农村医疗卫生、农村基础设施、农村文化设施和农村社会保障制度等层面对不同类型农村公共服务供给减贫的作用机理进行分析，探究农村公共服务供给影响贫困的具体路径。在系统介绍 DEA 模型、三阶段 DEA 模型和 Malmquist 指数模型的基本原理的基础上，构建包括投入指标、产出指标和环境变量在内的农村公共服务供给效率的综合评价指标体系，进而分别采用三阶段 DEA 模型和 Malmquist 指数模型，测度了 2011—2016 年我国 30 个省（区、市）的农村公共服务供给效率值，探究了我国整体和省级层面农村公共服务供给效率的静态和动态变化情况，研究发现我国各省份的技术效率均值和纯技术效率均值被低估，在剔除了环境因素和随机误差因素后，多数省份的技术效率、纯技术效率和规模效率与传统DEA模型评价结果相比，均有较大幅度提高，表明采用三阶段DEA模型评价我国省级层面的农村公共服务供给效率是合理必要的；同时，2011年以来我国农村公共服务全要素生产率的增长率为10.9%，表明我国农村公共服务供给的效率在整体上呈现出上升趋势，而且全国绝大部分省份的农村公共服务供给效率均呈现出递增的趋势，其中技术进步是引起我国农村公共服务全要素生产率增长的主要原因；从区域层面看，中部地区农村公共服务全要素生产率指数值最高，东部地区次之，西部地区最低。

再次，系统介绍了贫困发生率、恩格尔系数法、收入比例法、FGT贫困指数、马丁法等测度农村贫困程度的指数和方法，以及计量分析法中的系统广义矩估计法，进而利用贫困发生率和恩格尔系数法测度我国各个省（区、市）的农村贫困程度，选择我国2011—2016年24个省（区、市）组成的面板数据，采用两步系统广义矩估计法进行实证检验，研究发现我国农村公共服务供给效率的提高产生了明显的减贫效应，显著减少了农村贫困人口，其中，农村公共服务供给的减贫效应最大，农业劳动生产率的减贫效应次之，产业结构和农村剩余劳动力转移的减贫效应位列第三位和第四位，而城镇化和对外开放的减贫效应并不显著，未对农村贫困人口的减少产生减缓作用。进一步分析发现，农村基础教育、农村医疗卫生和农村基础设施三种类型的农村公共服务供给在减贫和增收中发挥了重要作用，显著减少了农村贫困人口，而农村文化事业和农村社会保障的减贫效果并不明显，其中农村基础设施的减贫效应最大，基础教育的减贫效应次之，而医疗卫生的减贫效应最小。

最后，在理论分析基础上，结合实证分析所检验的农村公共服务供给以及各个不同类型农村公共服务供给的减贫效应，甄别出影响农村公共服务供给减贫效应的主要因素，进而在减贫框架设计中融入农村公共服务供给，根据不同时期的政策目标和社会经济发展情况，从提高农村公共服务供给效率、优化农村公共服务供需结构、提升农村公共服务供给的减贫效应的角度提出相关政策建议，具体为：一是大力发展农村教育事业，增强脱贫内生动力；二是加强农村基础设施建设，筑牢扶贫攻坚基础；三是完善农村医疗服务体系，提升医疗服务水平；四是健全农村社会保障制度，提高社会保障水平；五是加强文化事业减贫作用，全面改变农村面貌；六是推动供给模式优化创新，着力增加有效供给，进而为提高我国农村公共服务供给的减贫效应、实现精准扶贫和稳定脱贫、加快推动乡村振兴提供理论借鉴。

关键词：农村公共服务供给；精准扶贫；脱贫攻坚

# 目 录

**第一章 导论** ................................................................ 1

 第一节 研究背景 ........................................................ 1
 第二节 研究目的与意义 ................................................ 8
 第三节 基本概念 ...................................................... 12
 第四节 研究思路 ...................................................... 21
 第五节 研究内容 ...................................................... 22
 第六节 研究方法 ...................................................... 25
 第七节 突破与创新之处 .............................................. 26

**第二章 研究综述** .......................................................... 29

 第一节 农村公共服务供给效率评价研究 ............................ 30
 第二节 农村贫困人口识别研究 ...................................... 34
 第三节 农村贫困测度研究 .......................................... 37
 第四节 农村公共服务供给的减贫效应研究 ........................ 41
 第五节 消除农村贫困政策选择研究 ................................ 56
 第六节 研究评述 .................................................... 59

**第三章 我国农村公共服务供给现状研究** ................................ 61

 第一节 问题的提出 .................................................. 61
 第二节 我国农村公共服务供给的总体特征 ........................ 62
 第三节 我国农村公共服务供给中存在的问题 .................... 68

第四节　我国农村公共服务供给存在问题的根源 …………… 76
　　第五节　本章小结 …………………………………………… 79

## 第四章　我国农村贫困现状研究 …………………………………… 81
　　第一节　问题的提出 ………………………………………… 81
　　第二节　我国农村地区贫困现状 …………………………… 82
　　第三节　我国精准扶贫中存在的主要问题 ………………… 86
　　第四节　本章小结 …………………………………………… 90

## 第五章　我国农村公共服务供给减贫效应理论研究 …………… 92
　　第一节　问题的提出 ………………………………………… 92
　　第二节　教育发展减贫的作用机理 ………………………… 93
　　第三节　医疗卫生减贫的作用机理 ………………………… 95
　　第四节　基础设施减贫的作用机理 ………………………… 97
　　第五节　文化设施减贫的作用机理 ………………………… 101
　　第六节　社会保障减贫的作用机理 ………………………… 103
　　第七节　本章小结 …………………………………………… 106

## 第六章　我国农村公共服务供给效率评价研究 ………………… 108
　　第一节　问题的提出 ………………………………………… 108
　　第二节　评价方法、指标体系与样本选择 ………………… 110
　　第三节　农村公共服务供给效率测算结果与分析 ………… 129
　　第四节　本章小结 …………………………………………… 138

## 第七章　我国农村公共服务供给减贫效应测度研究 …………… 140
　　第一节　问题的提出 ………………………………………… 140
　　第二节　研究设计 …………………………………………… 141
　　第三节　估计结果分析 ……………………………………… 158
　　第四节　不同类型农村公共服务供给的减贫

　　　　　效应比较分析 ·················· 166
　　第五节　本章小结 ······················ 172

**第八章　我国农村公共服务供给的减贫效应提升对策研究** ······ 174

　　第一节　问题的提出 ···················· 174
　　第二节　提升我国农村公共服务供给减贫效应的
　　　　　对策建议 ······················ 175
　　第三节　本章小结 ······················ 189

**第九章　结论与展望** ······················ 190

　　第一节　结论 ························ 190
　　第二节　展望 ························ 193

**参考文献** ··························· 195

# 第一章

# 导 论

## 第一节 研究背景

中国特色社会主义进入了新时代，意味着近代以来久经磨难的中华民族迎来了从站起来、富起来到强起来的伟大飞跃，也迎来了实现国家富强、民族振兴和人民幸福的光明前景。改革开放40多年来，我国有组织有计划地持续推进大规模扶贫行动，投入大量人力物力用于消除农村贫困，扶贫工作取得了举世瞩目的伟大成就，农村有7亿多贫困人口摆脱了贫困，年均减贫人口规模接近1900万人，对全球减贫的贡献率高达70%；农村贫困发生率[①]年均下降2.4个百分点，累计下降了96.9个百分点。特别是党的十八大以来，我国各地区各部门坚定不移贯彻落实习近平总书记关于扶贫工作的重要论述精神，坚持以脱贫攻坚统揽经济社会发展全局，以前所未有的力度推进脱贫攻坚，充分发挥政治优势和制度优势，出台一系列政策措施大力实施精准扶贫、稳定脱贫，不断加大扶贫资源投入和脱贫攻坚力度，构筑起全社会扶贫的强大合力，建立具有中国特色的脱贫攻坚制度体系，扶贫开发工作取得决定性进展和历史

---

[①] 贫困发生率＝贫困人数（人）÷统计人数（人）×100%。

性成就。农村贫困人口显著减少，贫困发生率持续下降，贫困地区农村居民收入保持较快增长，农村贫困人口"两不愁三保障"的目标完成覆盖率不断提升，解决区域性整体贫困迈出坚实步伐，贫困地区农民生产生活条件显著改善，贫困群众的获得感显著增强，生活幸福指数逐渐提高，创造了我国减贫史上的最好成绩，也为全球减贫事业做出了巨大贡献，谱写了人类反贫困史上的辉煌篇章。

从具体数据来看，2011—2019年，全国有9000多万农村贫困人口稳定脱贫，年均减少贫困人口1000万以上（见图1-1），到2019年年末，全国尚未"摘帽"的贫困县还有52个，农村贫困人口从2012年年末的9899万人减少至551万人，比2018年年末减少1109万人，降幅达66.8%，2011年以来累计减少9348万人；贫困发生率从2012年年底的10.2%下降到0.6%（见图1-2），年均下降1个百分点以上，累计下降9.6个百分点，到2020年将如期实现贫困县全部"摘帽"、农村绝对贫困人口全部脱贫的目标。到2018年年末，全国建档立卡贫困村从12.8万个减少到2.6万个，有10万个建档立卡贫困村成功脱贫，全国832个贫困县已经有153个宣布"摘帽"，集中连片特困地区的农村贫困发生率从24.4%降为7.4%，贫困人口从5067万人降到1540万人；民族八省区的农村贫困人口从3121万人减少到603万人，贫困发生率从21.1%降低到4.0%；区域减贫成效显著，区域性整体贫困状况明显缓解，中西部地区贫困县、贫困村和贫困人口的数量大大减少，其中2018年中西部地区169个深度贫困县的贫困人口也大幅减少，共有460万贫困人口脱贫。[①] 2019年，中央和地方各级政府持续投入大量人力、财力用于深度贫困地区的精准扶贫和解决"两不愁三保障"问题，脱贫工作成就显著。截至2019年年底，民族八省区的贫困人口由603万人减少到119万人，484万贫困人口成功实现脱贫，贫困发生

---

① 需要说明的是，由于部分指标2019年的数据未能获取，故本书暂时采用2018年数据说明其基本情况。

率下降到0.79%。

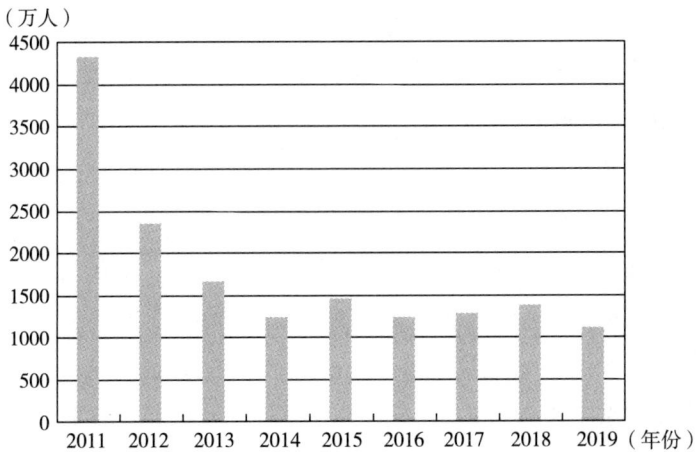

图1-1 2011年以来我国年均减少农村贫困人口数①

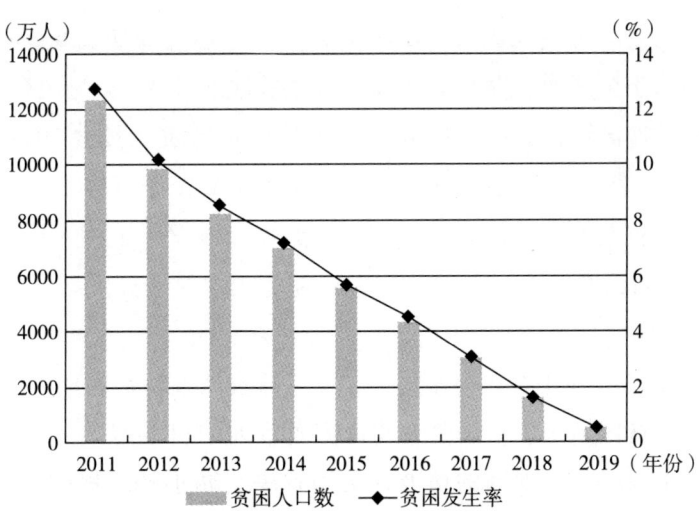

图1-2 2011年以来我国农村贫困状况

---

① 图表数据由国家统计局、国务院扶贫办网站公布数据整理而得。

2018年,"三区三州"地区的贫困人口共减少了134万人①,贫困发生率下降了6.4个百分点,降幅快于西部地区平均水平3.3个百分点,高于全国平均水平5个百分点。2019年,全国扶贫工作聚焦于"三区三州"脱贫攻坚工作,投入大量财力、物力用于这一深度贫困地区和特殊贫困群体的脱贫工作,脱贫攻坚取得巨大成就,贫困村和贫困人口大幅减少,"三区三州"深度贫困地区建档立卡贫困人口由2018年的172万人减少到43万人,贫困发生率由8.2%下降到2%,约340个贫困县脱贫"摘帽"、全国有770多个贫困县"摘帽"。总体上看,绝大部分已完成了"三区三州"这一扶贫难度极大地区的脱贫攻坚任务。

从收入水平来看,40多年来,我国国民经济持续快速增长,年均增速在9%以上,创造了人类经济发展史奇迹。在这一过程中,农村居民的人均可支配收入保持较高增幅,而且贫困地区农村居民收入增长幅度高于全国农村居民平均收入增幅。2018年,贫困地区农村居民人均可支配收入为10371元,比上年实际增长8.3%,实际增速高于全国农村整体增速1.7个百分点。其中,"三区三州"深度贫困地区农村居民人均可支配收入为9668元,较之2017年名义增长10.7%,比全国贫困地区整体增速高0.1个百分点;而8个集中连片特困地区农村居民人均可支配收入10260元,比上年增加996元,同比增长10.7%,均高于同期全国农村居民人均可支配收入增幅。

2019年,我国投入大量人力、物力等资源推动贫困地区经济社会发展,贫困地区农村居民人均可支配收入11567元,比上一年名义增长11.5%,实际增长8.0%,名义增速和实际增速分别比全国农村的增幅高1.9个和1.8个百分点。随着贫困地区农村居民人均可支配收入的逐年增加,其绝对值已达全国农村平均水平的

---

① "三区三州"包括西藏、四省藏区、南疆四地州和四川凉山州、云南怒江州和甘肃临夏州。

72.2%，比2012年提高了10.1个百分点。其中，集中连片特困地区农村居民人均可支配收入11443元，增长11.5%，比全国农村高1.9个百分点。同时，贫困地区、贫困户的生产生活条件进一步改善，贫困地区的通路、通电、通水得到明显改善，教育、医疗卫生、文化设施、社会保障等公共服务供给水平和质量大幅提高，幸福感明显增强。

消除贫困、改善民生、逐步实现共同富裕，是社会主义的本质要求，也是全国各族人民的共同期盼。改革开放以来特别是党的十八大以来，我国扶贫攻坚战取得巨大成就，但是，总体来看，决战决胜贫困的目标仍未完全实现，剩下的都是难啃的"硬骨头"，脱贫攻坚任务依然艰巨，仍然面临着深度贫困问题突出、尚未脱贫人口的脱贫难度较大、农村基础设施和基本公共服务发展滞后等困难和挑战。到2020年，我国还有1000万左右的农村贫困人口需要脱贫，剩余最困难贫困县要全部脱贫"摘帽"。在这些尚未脱贫的贫困人口中，文化程度较低、脱贫难度较高的病残孤老灾人口占有相当大的比值，其中，因病、因残致贫人口分别占贫困人口总数的42.3%和14.4%，65岁及以上贫困老人占17.5%，初中以下文化程度的占95%以上。显而易见，要在剩余一年时间内完成脱贫目标，还面临十分艰巨的任务，特别是西藏、四省藏区、南疆四地州和四川凉山州、云南怒江州、甘肃临夏州、贵州毕节市等深度贫困地区，不仅贫困发生率高、贫困程度深，而且自然环境差、经济基础薄弱、致贫原因复杂、发展严重滞后、公共服务供给严重不足，脱贫难度更大。同时，在脱贫攻坚过程中，部分脱贫干部为了追求政绩搞"一刀切"、形式主义、官僚主义、弄虚作假、急躁和厌战情绪以及消极腐败现象仍然存在，在扶贫项目选择上未结合当地实际情况，导致在扶贫过程中大量扶贫稀缺资源的浪费；部分地区精准扶贫措施的可操作性不强，扶贫措施不细致，脱贫进度和脱贫标准把握不准，急躁情绪与消极拖延现象存在，盲目提高标准和随意降低标准并存，弄虚作假、突击脱贫、数字脱贫等问题仍然存在，导致"虚假式"脱贫、"算账式"脱贫、"指标式"脱贫、"游走式"脱贫等问题在一些地方比较突出。与此相对的是，尚有一部分农村贫困人口的脱贫内生动力不足，对当地政府依赖程度较高，"等、靠、要"和自暴自弃倾向较为严重，甚至产生越贫越要救济的"懒汉"思想，"以懒为荣"，有相对一部分贫困人口存在"政府热、贫困户冷"的尴尬局面。此外，部分地方政府贯彻精准扶贫方略存在偏差，人为简化精准扶贫过程，将扶贫款"一发了之"，有的统一入股分红"一股了之"，有的低保兜底"一兜了之"。显而易见，上述做法未能充分激发贫困人口精准脱贫的内生动力，扶贫与扶志扶智结合不紧，存在重资金项目扶贫、轻思想技能扶贫等问题，难以构建稳定脱贫的长效机制；同时，在扶贫过程中扶贫资金管理使用不规范等问题仍然存在，对资金是否发挥效益缺乏跟踪监管，扶贫资金长期滞留闲置未发挥效益的现象依然存在，资金使用不精准、效益不高和效率有待提高等问题突出，严重影响了精准扶贫成效。

农村公共服务是保持农村社会经济持续健康发展的基础。增加农村公共服务供给数量、优化农村公共服务供给结构与提高农村公共服务供给质量可以切实缓解农业经济发展对生态环境和资源的依赖程度，降低其脆弱性。很显然，脆弱性贫困是农村贫困的重要特征，也是产生贫困和脱贫人口返贫的重要原因之一。因此，稳定脱贫、阻止脱贫人口返贫的重要保障就是完善农村公共服务供给、降低农村贫困地区的脆弱性。由于独特的财政体制安排，我国农村公共服务主要是以地方政府供给为主，地方各级政府在农村公共服务供给过程中充当了提供者、安排者和管理者三重角色，虽然供给效率大大提高，但这也导致农村公共服务供给过程中的"寻租"、"设租"、资源错配等问题。加之财政分权以来地方政府尤其是县乡级政府在财政支出中面临较大困境，以及地方政府的重视程度相对较低等原因，使用于农村公共服务供给的财政资金严重不足，建设资金规模小，根本无法完全满足推进乡村振兴战略的资金需要。事实

# 第一章 导论

上，为了防范金融风险，近年来我国对金融行业的监管日趋严厉，地方政府的融资渠道被施以多种限制，导致地方债务压力加大，进而进一步挤压用于农村公共服务供给的财政支出；同时，财政收入与国民经济发展紧密相关，随着我国经济增长进入中高速增长阶段，财政收入增速开始放慢，地方政府的财政均衡被打破，显著抑制了地方政府农村公共服务的供给，造成农村公共服务供给总量相对不足。此外，我国农村公共服务供给过程中还存在供给结构失衡、供给质量不高、区域供给失衡等问题，极大地制约了农村公共服务供给的减贫效应的提升，其中，农村公共服务供给结构失衡主要表现在以下两个方面：一是在农村公共服务供给的过程中，由于建设力度不大，使供给水平较低，农民对于正常公共服务的需求得不到满足，存在医疗教育社保资源紧缺、农田水利和先进生产技术供应短缺等问题。二是由于供给主体单一，造成公共服务供应效率低下，存在一定资源浪费现象，使农村公共服务的供给和需求之间出现了较大的偏差，农民急需的农田基本水利、农业机械设备和农业生产技术支持等得不到有效供给，无法满足农民发展农村经济的基本需求。显而易见，伴随农村社会经济的快速发展，农村公共服务供给数量不足、供给质量不高、供给结构失衡等问题将进一步凸显。

众所周知，农村公共服务供给问题直接决定着农民的基本生存状况，是改善农民生产生活条件、提高农村经济发展水平、解决"三农"问题的基本保障，也是大力推进扶贫攻坚战的重要支撑。当前我国经济发展进入新时代，原有的主要依靠增加土地、劳动力等廉价要素投入、外需拉动、投资拉动、规模扩张的传统增长模式难以为继，迫切需要转变发展方式、优化经济结构、转换增长动力。同时，在推动我国经济由高速增长阶段转向高质量发展阶段的过程中，所面临的主要矛盾已转变为人民日益增长的美好生活需要和不平衡、不充分的发展之间的矛盾，而要实现经济高质量发展，满足广大人民群众尤其是农村地区贫困人口的美好生活需求，关键是要针对这一部分贫困人群所关心的问题精准施策，加大对教育、就业、住房、医疗、卫生、文化、社会保障等与民生息息相关的公共服务的供给数量和质量，提高和改善民生水平。基于此，为了切实提高精准扶贫效果，加快推进扶贫攻坚战，大力提升农村公共服务供给在促进农村社会经济快速发展、增加农民人均可支配收入、减少农村贫困等方面的积极作用，有必要加强对农村公共服务供给的减贫效应研究，从不同视角系统深入探讨农村公共服务供给现状、准确测度农村贫困程度、全面阐述农村公共服务供给对贫困的作用机制，进而建立健全提升农村公共服务供给的减贫效应的长效机制，这也将成为提高精准扶贫绩效、加快推进扶贫攻坚战略的关键所在。

## 第二节　研究目的与意义

### 一　研究目的

贫困是一种全球性的社会现象，也是一项亟待解决的困扰人类的世界性难题，关乎人类的生存和发展。长期以来，我国中央和地方各级政府为了消除贫困制定和实施了各种政策和措施，投入了大量人力、物力、财力等扶贫资源，在减贫方面取得了一系列成就，农村贫困人口收入水平持续稳步提高，贫困人口数量、贫困村和贫困县数量大幅减少，贫困发生率明显下降，区域性整体贫困得到基本解决。然而，由于地理、历史、调控政策等因素的限制，我国一些地区尤其是深度贫困地区的减贫形势依然较为严峻。同时，需要注意的是，在消除贫困过程中，农村公共服务供给发挥了极其重要的作用，极大地改善了农村地区的教育、医疗、卫生、基础设施、社会保障等公共服务供给状况，是改善农村生产生活条件、减少农村贫困人口、增强贫困群众内生动力和自我发展能力的基本保障，也是我国精准扶贫进入攻坚期后，实现在现行标准下农村贫困人口

# 第一章 导论

全部如期脱贫的一个关键举措。因此，本书研究农村公共服务供给的减贫效应对于提高农村公共服务供给质量、改进供给结构、大力推进扶贫攻坚战具有十分重要的现实意义。本书主要基于以下几个目的展开研究：

（一）科学评价我国农村公共服务供给效率

基于评价指标体系构建的基本原则和城市层面数据的可获得性，本书构建包括投入变量、产出变量和环境变量的农村公共服务供给效率的综合评价指标体系，采用数据包络分析法中的三阶段 DEA 模型和 Malmquist 指数模型对我国农村公共服务供给效率进行综合评价，得到其总体供给效率值，对不同区域农村的公共服务供给效率进行横向比较分析，进而探讨近年来我国农村公共服务供给效率的区域异质性及其根源，并从不同层面分析我国农村公共服务供给效率整体不高的原因。由此通过对我国农村公共服务供给效率的科学评价和横向比较分析，提出更有针对性的对策建议以切实提高农村公共服务的供给质量，从而有效提升农村公共服务供给的减贫效应，充分发挥农村公共服务供给在脱贫攻坚战中的积极作用，助推精准扶贫。

（二）深入理解农村公共服务供给影响我国农村贫困的宏观与微观机制

本书基于农村公共服务供给的异质性视角，系统探讨我国农村基础设施、基础教育、医疗卫生、文化设施、社会保障等不同类型农村公共服务的供给数量现状及其影响因素，以及上述不同类型公共服务供给影响农村地区贫困的内在逻辑机理，厘清其影响路径，力争从理论上掌握农村公共服务供给与贫困之间的关系，奠定农村公共服务供给的减贫效应的理论基础；进而利用微观调研数据与省级层面的宏观统计数据，采用两步系统广义矩估计法实证检验农村公共服务供给对农村贫困的影响效应，以深入理解不同类型的农村公共服务供给对农村居民收入以及农村贫困的宏观与微观影响机制，准确捕捉影响农村公共服务供给的减贫效应的主要因素，从而为消除农村贫困、构建新时代内生精准减贫的长效机制提供理论依据。

（三）提出具有可操作性政策建议，以有效提升我国农村公共服务供给的减贫效应

基于农村公共服务供给的减贫效应提升视角，借助省市层面的宏观统计数据以及微观调查资料，全面掌握我国农村公共服务供给的基本情况，深入探讨农村公共服务供给对贫困的内在影响机理以及甄别影响农村公共服务供给的减贫效应的关键性因素，科学测度农村贫困程度及其影响因素，实证检验农村公共服务供给对农村贫困的影响效应，进而在借鉴国外改善农村公共服务供给的实践经验的基础上，结合我国近年来农村公共服务供给效率的提高与脱贫攻坚取得的相关成就，提出具有可操作性的提升农村公共服务供给减贫效应的政策建议，以促进我国贫困地区社会经济持续健康发展，切实提高广大农村居民收入水平，消除更多农村贫困人口，加速推进我国扶贫攻坚战与乡村振兴战略，为如期完成全面建成小康社会任务奠定坚实基础。

## 二 研究意义

当前，我国特色社会主义进入新时代，经济发展也由高速增长阶段转向高质量发展阶段，在此背景下，精准脱贫作为决胜全面建成小康社会必须打好的三大攻坚战之一，是实现经济高质量发展、真正满足人民群众日益增长的美好生活需要的根本要求。党的十八大以来，我国脱贫攻坚战取得决定性进展，但由于农村贫困人口众多，导致精准扶贫、稳定脱贫的任务依然十分艰巨，还有很多深度贫困地区以及规模庞大的农村贫困人口需要脱贫。众所周知，在精准扶贫过程中，改善贫困地区尤其是深度贫困地区的农村公共服务供给，消除农村公共服务供给中存在的典型问题，优化农村公共服务的供给结构、提高供给质量和缩小城乡差距，惠及更多农村贫困人口，能够为构建精准扶贫的长效机制、打赢脱贫攻坚战提供重要支撑，进而稳步推动民生改善，优化农村生活环境，切实增强贫困地区人民群众的获得感、幸福感和安全感，为促进乡村振兴、加快

建设新时代中国特色社会主义伟大事业奠定坚实基础。因此，本书研究农村公共服务供给的减贫效应测度与提升对策，具有较高的理论意义和现实意义。

（一）理论意义

学术界从农村公共服务供给效率评价、农村贫困人口识别、农村贫困测度、农村公共服务供给对农村贫困的作用等不同层面深入研究了我国农村公共服务供给的减贫效应问题，但对于我国农村公共服务供给效率的测度及其减贫效应的研究还有待加强，尚未构建一个整体理论框架分析我国农村公共服务与农村贫困的相互关系，缺乏农村公共服务供给对农村贫困的影响机理研究，且仅有较少文献对我国农村地区公共服务供给的减贫效应的时空演变以及农村公共服务供给的综合效率评价等问题进行了研究。基于此，本书采用三阶段 DEA 模型和 Malmquist 指数模型综合评价我国农村公共服务供给效率与不同类型农村公共服务的供给效率，探究我国农村公共服务供给效率的静态和动态变化情况，归纳总结我国农村公共服务供给效率的时空演变特征以及供给过程中存在的典型问题；利用宏观统计数据测算我国分省地区农村的多维贫困指数，进而分析教育、医疗、基础设施、文化事业和社会保障等不同类型农村公共服务的供给对贫困的作用机理，梳理其影响路径，系统测度农村公共服务供给及其不同供给类型的减贫效应，甄别其影响效应的主要因素，将有助于完善和发展贫困治理理论、公共支出理论、公共服务供给的减贫理论等相关理论，为我国各级政府制定更有效的农村公共服务供给政策和精准扶贫政策提供理论依据。

（二）现实意义

消除贫困、改善民生、逐步实现共同富裕，是社会主义的本质要求，也是我们党肩负的重要使命。自改革开放以来，我国农村公共服务供给取得了巨大成就，极大地满足了广大农村居民的基本需求，促进了农村社会经济的快速发展，但总体而言，我国农村公共服务供给还存在供给主体较为单一、供给的整体数量相对不足、供给质量有待提升、供给结构亟待优化等问题，其中，"三区三州"等深度贫困地区的基础设施和基本公共服务发展滞后，道路交通、水利设施、通信设施、教育培训、医疗卫生、养老保险等领域还存在不少短板，尚无法充分满足这些农村地区社会经济发展的基本需求；同时，在农村地区尤其是深度贫困地区建设基础设施、提高基本公共服务供给水平需要投入大量资金，由于这些地区财政能力较弱，提供的农村公共服务供给数量难以满足当地居民的需求，这就进一步加剧了农村贫困地区公共服务的供求失衡，不利于有效提升农村公共服务供给的减贫效率和脱贫质量。为此，本书深入分析了我国农村公共服务供给效率和贫困状况的时空演变特征，构建综合评价指标体系，科学评价我国农村公共服务供给效率，有助于更好掌握我国农村公共服务供给状况；同时，采用系统广义矩估计法等计量分析法实证检验我国农村公共服务供给的减贫效应，甄别其主要影响因素，设计提高我国农村公共服务供给效率、提升农村地区公共服务供给的减贫效应的政策体系，对于补齐贫困地区农村基础设施和基本公共服务"短板"，加快扶贫为主向开发式扶贫与保障式扶贫并重的转变，更加重视扶志扶智工作，激发贫困人口的内生脱贫动力，提高农村居民收入，促进脱贫提质增效，解决区域性整体贫困，确保如期打赢脱贫攻坚战具有重要的现实意义。

## 第三节　基本概念

### 一　贫困

（一）贫困的内涵

贫困是一个内涵十分丰富的概念，社会学、哲学、人口学、经济学等不同学科对贫困的解释不尽相同，其中经济学理论认为贫困即贫苦穷困，包含经济、社会、文化等不同领域的落后现象，一般是指社会居民处于"食不果腹，衣不遮体，屋无片瓦、房不避风雨"等状态。也就是说，在贫困状态下居民因收入水平较低而不能满足其基本的生活需求。我国古汉语中"贫，财分少也""穷，贫也""困，穷也"等给出了贫困的基本解释。① 从《荀子大略》中"多有之者富，少有之者为贫，至无有者为穷"的语句中可以看出，"穷"比"贫"的程度更大一些，包含的内容更多，穷表达了一无所有、没有购买力的含义，这一古语同时也表述了穷与富的相对性。而国外学者也对贫困的内涵进行了解释，其中《美国现代社会学辞典》将贫困定义为"个人或一群人因长时期过着低水准的生活，以致健康、士气，或自尊遭受损伤。'贫困'一词，与社会的一般生活水准、财富的分配、地位系统或社会期待等存在着相对的关系"。

在本书的研究中，为了提高研究的针对性，将贫困看作一种经济现象，即物质生活贫困，由此可以将贫困简单地理解为个人或是家庭的生活水准和收入水平无法达到某种社会公认的最低生活标准。处于贫困状况的个人或家庭一般而言面临获得收入的能力较低，其收入水平和生活水平不高，购买力较弱等；同时，这一类群体的生活幸福感也较差。在研究过程中，本书所指的贫困实际上应该涵盖两层含义：第一，由于自身所拥有资源的匮乏导致了贫困，进而使贫困人口的生活水平低于社会可以接受的最低标准；需要注意的是，在贫困研究范畴中所涉及的资源不仅包括物质资源，还包含人力、社会和文化等精神资源。第二，贫困的根本含义就是贫困人口创造收入的能力和获得收入的机会的贫困，这就意味着贫困人口缺少获取和享有正常生活的基本能力。由此可知，造成一部分居民陷入贫困状态的根源就是缺乏能力和机会。

（二）贫困的类型

根据不同的分析角度或划分标准，结合研究需要，可以将贫困划分为不同的类型，如绝对贫困和相对贫困，生存型贫困、温饱型贫困和发展型贫困，制度性贫困、普遍性贫困、区域型贫困和个体

---

① 上述两句话分别出自《说文》和《广雅释诂四》。

型贫困,城市贫困和农村贫困,狭义贫困和广义贫困等,主要类型如下:

1. 绝对贫困和相对贫困

绝对贫困和相对贫困是现实生活中普遍存在的两种贫困类型。绝对贫困又被称为生存贫困或极端贫困,是指缺乏维持生存的最低需求品,无法满足生存的基本生理需求和生存需要。在定义绝对贫困的基本内涵时,要避免人们从严重营养不良和饥饿等状态下所需要达到的最基本营养需求角度进行的界定。一定程度上而言,绝对贫困理论认为贫困人口处于绝对贫困的主要原因在于其物质生活水平无法达到社会平均标准,还处于整个社会的较低水平。而相对贫困又称为相对低收入型贫困,其概念和内容与绝对贫困相比存在较大区别,是指在同一时期内,由于不同阶层或不同区域的成员对于维持人们基本生存的标准的认定存在差异而产生的相对贫困,即对于某种特定群体而言,处境较差的则为相对贫困人口,其他群体则为非贫困人口。

2. 狭义贫困和广义贫困

根据人们对于贫困认知程度所产生的差异大小,结合其所包含内容的多少,还可以将贫困划分为狭义贫困和广义贫困。一般可以从收入水平的高低或财富多少判断贫困人口是否为狭义贫困或广义贫困。其中,狭义贫困是指在一定的社会生产生活条件下,从经济学的角度出发,只考虑社会财富的分配或家庭收入这一环节,把贫困的概念仅仅限定于其收入仅仅能够维持基本的物质生活等有限的范围内,若家庭的全部收入仅能满足其最基本的生活消费,则将这类家庭界定为狭义贫困。而广义贫困则大大拓展了贫困的内涵,不仅包括人们所拥有的财富和资源低于其所处于的社会平均水平,还涵盖了人们的物质和精神生活水平在其他方面是否能够达到同一时期社会所普遍认可的最低标准。

二 精准扶贫

精准扶贫是习近平新时代中国特色社会主义思想的重要组成部

# 第一章 导论

分，也是马克思主义反贫困理论中国化的最新贡献，是中国特色社会主义道路的又一重大创新。从其内涵上看，精准扶贫是与粗放扶贫对应的一个概念，是指针对不同贫困区域的独特环境、不同贫困村的贫困农户状况，运用科学有效程序对扶贫对象实施精确识别、精确帮扶、精确管理的治贫方式，以达到减少贫困人口的目的。在精准扶贫过程中，其内涵包括如下四个方面的含义：

（一）切实聚焦最需要帮助的人

坚持人的全面发展是社会主义的本质。在精准扶贫工作中，要始终坚持以人民为中心的发展思想，维护贫困人口的切实利益，在扶贫过程中要严格执行扶贫对象的识别标准，准确识别贫困人群，剔除非贫困人口，进而不断改善相对贫困人口和发展缓慢村、相对贫困组、相对贫困户、住房困难户、低保"五保"兜底对象五大扶贫对象的收入状况，完善扶贫攻坚档案和台账，做到因村因户因人精准施策，进而提高精准扶贫效果，聚焦最需要帮助的贫困人口，提高扶贫资源的配置效率。同时，在精准扶贫工作中，各级政府的扶贫帮困人员要深入贫困地区第一线，进行实地调研，掌握贫困人口的贫困状况及其贫困原因，对贫困人口减贫脱贫过程中所面临的困难和真实需求要有感性认知、感情认同，才能精准定位产生贫困的根源，制定出切实有效的减贫措施，降低贫困发生率。

（二）切实向最需要帮助的人倾斜

在各级政府所承担的各项工作中，扶贫是具有全局性和极其重要的工作，各级党委和政府必须发挥有效组织核心和领导带头的积极作用，在扶贫人员安排、政策措施制定和扶贫资金使用等方面为扶贫工作提供全方位保障。同时，各级政府在精准扶贫过程中为提高扶贫效果，需要精准识别贫困户，精准对标贫困人口，联合当地经济组织和社会组织一起聚焦基层贫困户，加大扶贫政策和资源支持力度，要将这些资源向最需求的贫困人口倾斜。此外，各级政府还要将各种扶贫资源精准投向最需要帮助的贫困群体尤其是深度贫困地区的贫困人口，切实提高扶贫资金和人力、物力、扶贫项目等各种资源的利用效率,发挥良好的集合效应,提升扶贫资源的减贫效果,着力减少贫困人口。

(三) 切实发挥市场机制的决定性作用

市场是资源配置的主体,在我国各种资源配置过程中发挥着决定性作用。从我国各地区扶贫攻坚工作开展情况来看,提升扶贫工作效果的关键在于扶贫资源的优化配置,将各种稀缺资源用到最重要和最正确的地方,发挥其最大扶贫效应,有效减少贫困人口。因此,在扶贫工作中为了更好地配置各种资源,需要发挥市场机制的决定性作用,同时为了强化各级政府在精准扶贫工作中的主动性,也要更好地发挥其积极作用。可以说,市场机制和各级政府之间是有机统一的,缺一不可的。要做好扶贫工作,确保打赢脱贫攻坚战,要把握适度原则,处理好市场机制与政府之间的关系,既不能用市场在资源配置中的决定性作用取代甚至否定政府作用,也不能用更好发挥政府作用取代甚至否定使市场在资源配置中的决定性作用。

(四) 充分发挥贫困人口的主观能动性

打赢脱贫攻坚战,激发贫困人口的内生动力极其关键。在推进精准扶贫的过程中,必须时刻牢记事物不会自动满足人的需要,要处理好国家和社会帮扶与贫困地区的贫困群众自力更生的关系,发挥贫困人口在脱贫过程中的主观能动性,切实提升贫困人口的自我发展能力和内生动力。具体而言,在加大国家扶贫投入力度、覆盖更多贫困人口的同时,加强对贫困人口的教育培训和扶贫政策宣传,提升其综合素质,培育贫困人口自主脱贫的内生动力,充分发挥扶贫对象的主观能动性,调动贫困人口的积极性和创造性,引导贫困群众树立主体意识,从而才能有效提升贫困群体的自我脱贫能力,构建精准扶贫和稳定脱贫的长效机制,提高精准扶贫成效。

三 公共服务

(一) 定义

公共服务是 21 世纪公共行政和政府机构改革的核心理念,包括加强城乡公共设施建设,发展教育、科技、文化、医疗、卫生、体育等公共事业，为社会大众参与社会经济、政治、文化等相关活动提供基本保障以及为社会大众提供养老保险、失业保险、工伤保险等社会保障。从其所涵盖范围可以从狭义和广义两个层面进行定义，狭义的公共服务不包括国家所从事的经济调节、市场监管、公共管理等一些职能活动，而广义的公共服务则以合作为基础，将狭义的公共服务的内涵进行扩展，包括的内容扩大到政府制定的一些管理规范、制度等，强调政府的服务功能和保障公民的基本权利，在狭义公共服务的基础上还包括进一步完善城市公共事业管理、农村地区的公共设施建设等。在社会发展过程中，各级政府提供的公共服务能够满足社会公众的生活、生存与发展的某种直接需求，能够使普通公民受益或改善其生活环境，进而能够享受到较高质量的生活，也能提高社会公众的生活质量。

（二）类型

考虑到现实生活中的公共服务具有诸多类型，为了更有针对性地进行理论研究和实证研究，本书按照内容、形式、专业等不同划分标准对其进行分类，主要有如下几种类型：

1. 根据内容和形式分类

公共服务可以根据其内容和形式划分为基础公共服务、经济公共服务、公共安全服务、社会公共服务等。具体而言，每个细分类别的公共服务的定义如下：①基础公共服务也可称为非经济公共服务，主要由中央和地方各级政府负责提供，通过国家权力介入或公共资源作为投入，为公民及其组织提供从事生产、生活、发展和娱乐等活动需要的基础性服务；基础公共服务是具有非完全的竞争性和排他性的公共服务，如生产生活中的提供水、电、气，交通与通信基础设施，邮电与气象服务等。②经济公共服务是指通过国家权力介入或公共资源投入，为公民、企业、社会组织等经济主体从事经济发展活动所提供的各种服务，与基础公共服务相对应的，具有排他性和竞争性，如高速公路、高速铁路、私立医院和高等院校等。③公共安全服务是指通过国家权力介入或公共资源投入为公民提供的安全服务，如军队、警察和消防等方面的服务，与基础公共服务和经济公共服务等服务相比，公共安全服务涵盖的内容相对较少。④社会公共服务则是指通过国家权力介入或公共资源投入为满足公民的社会发展活动的直接需要所提供的服务，如公办教育、公办医疗、公办社会福利等，这类公共服务具有不完全的非竞争性和非排他性。

2. 根据专业属性分类

按照专业属性，即广义的专业属性，社会生产生活中的公共服务还可以划分为如下几种类型：公共安全建设、国内与国际公共救助与灾害援助、国防建设、文化经济产业开发建设、法律法规和政策规范、精神文明和物质文明建设、行业标准化建设、信息化建设、工业化建设、农业化建设、城镇化建设、乡村建设、特色产业建设、金融保险与消费服务建设、职业化和专业化建设发展等不同类型公共服务。

3. 根据工程专业属性分类

除上述几种分类标准外，还可以缩小专业范畴，按照工程专业属性对公共服务进一步分类，具体可以分为公用设施工程、国防工程、民生工程、安居工程、法治工程等。需要说明的是，国防工程、民生工程、公用设施工程等接近于纯公共服务范畴，具有完全非排他性和非竞争性，只要是本国公民都可以享受该类公共服务；而安居工程则具有准公共服务属性，属于准公共产品，需要支付一定费用才能享受，具有一定的排他性和竞争性，在研究公共服务时要注意是否为纯公共服务还是准公共服务。

### 四 基本公共服务

基本公共服务和公共服务有一定区别，前者的内涵比公共服务要小，而公共服务则包括基本公共服务。基本公共服务是指建立在一定社会共识基础上，根据一国或地区的社会经济发展阶段特征和总体水平，为维持本国社会经济的持续稳定发展、基本的社会正义和社会群体的凝聚力，充分保护社会居民最基本的尊严、生存权和发展权，为实现人的全面发展所需要的基本社会条件。基本公共服务的含义包括三个方面的内容：一是保障人类的基本生存权，为了实现这个目标，需要政府及社会为每个人都提供基本就业保障、基本医疗保障、基本养老保障、基本生活保障等；二是满足每个人基本尊严（或体面）和基本能力的需要，需要政府及社会组织为每个人都提供基本的教育和文化服务，增强收入获取能力，为未来生活提供基本保障；三是满足基本健康的需要，需要政府及社会组织为每个人提供基本的健康保障，提高身体素质，防止"因病致贫""因病返贫"等现象产生，保障每个人的基本医疗健康权利。

随着社会经济的快速发展和人民生活的水平的大幅提高，社会大众会追求更为舒适、能够获得更多满足感和幸福感的物质生活和精神生活，进而对教育、医疗、卫生、养老、休闲、健康等基本公共服务的需求也会逐步增强，进而使社会基本公共服务的范围会逐步扩展，涵盖的项目也会越来越多，基本公共服务的供给水平也会逐步提高。就一定意义而言，虽然公共服务和基本公共服务有所区别，但两者也有不少共同点。其中，义务教育、公共卫生和基本医疗、基本社会保障、公共就业服务、失业保险等不同类型的基本公共服务与广大城乡居民生活息息相关，是其最关心、需求最迫切的公共服务，也是建立社会安全网、保障全体社会成员基本生存权和发展权必须提供的公共服务，成为现阶段我国基本公共服务的主要内容。

**五　农村公共服务**

除基本公共服务之外，根据所在区域还可以将公共服务划分为城市公共服务和农村公共服务，考虑到本书主要研究农村公共服务供给的减贫效应，所以在本章节主要介绍农村公共服务的定义和分类。国内学术界对农村公共服务的概念进行了深入探讨。徐小青（2002）指出，农村公共服务是国家和地方各级政府为满足农村地区的农业、农村发展或广大农民生产生活的需要而提供的、具有一定的非竞争性和非排他性的社会服务，也是广大农民都可以享受的公共服务，陈崇林（2006）的研究也持有同一观点。方堃（2010）则从供给主体角度，指出农村公共服务是指在农村地区为满足"三农"的需要，由政府、企业、社团等治理主体通过各种作用机制和方式，提供的物质形态或非物质形态的公共物品和服务，也具有一定的非竞争性和非排他性特征，属于准公共服务类型。基于上述研究，本书认为农村公共服务一般是指为满足农村社会经济发展、保障农业生产活动的正常开展以及满足农民基本生活需要而提供的具有非排他性和非竞争性的产品和服务，与纯公共服务较为接近；在农业农村生产生活过程中，农村公共服务不具备物质形态，而以基础设施、农村义务教育、农村医疗设施、农业信息、农业生产培训、农业技术或劳务等服务形式表现出来的一种农村公共产品。

农村公共服务按照公共产品的界定理论可分为纯农村公共服务和准农村公共服务。纯农村公共服务是由中央和地方各级政府负责提供，主要包括农村社区公共管理及公共安全服务、农村义务教育、防洪防涝等农田水利设施建设、农业科技成果推广、农村生态环境保护、农业灾害预防和计划生育等。在现实社会中，由于供给成本较高，纯农村公共服务的供给数量有限，大多数农村公共服务属于准公共服务，主要是由县乡级政府和当地村民共同提供，如农田水利设施、乡村道路、农村体育锻炼设施等。准公共服务的性质介于纯公共服务与私人物品之间，使用时需要支付相应费用以维持其正常运行，所以在消费过程中有一定程度的竞争性和排他性等特征，如农村职业培训、农村社会保障、农村基础教育、农村医疗保障、农业生产技术推广、农村基础设施等。

考虑到本书主要关注农村地区公共服务供给对贫困减少的作用效果，加之实证检验所使用宏观和微观数据的可得性，本书将所涉及的农村公共服务界定为是与农村地区贫困人口的生产和生活息息相关的农村基础设施、农村医疗卫生、农村基础教育发展、农村文化事业以及农村社会保障五大领域，进而展开相关理论和实证研究。

## 第四节 研究思路

本书将沿着"问题描述—规律探寻—政策推进"的逻辑思路展开研究。首先,从农村公共服务供给效率测度、农村贫困人口识别、农村公共服务供给的减贫效应、消除农村贫困政策选择等不同维度系统分析农村公共服务供给及其减贫效应的一般理论,归纳总结学术界关于农村公共服务供给的减贫效应等领域的研究文献,对该领域已有的学术成果和发展趋势进行整理,准确界定农村公共服务与贫困的概念,为确定本书的研究内容和研究框架奠定理论基础。其次,对我国农村公共服务供给、农村地区贫困以及精准扶贫的基本情况进行描述分析,归纳我国农村公共服务供给中存在的典型问题,准确把握本书研究主题的现实情况。又次,构建我国农村公共服务供给效率的综合评价指标体系,采用三阶段 DEA 模型和 Malmquist 指数模型综合评价我国农村公共服务供给效率的静态和动态变化情况;采用恩格尔系数、贫困发生率等指标测算我国分省地区农村多维贫困指数,进而对我国农村公共服务供给效率和贫困状况的时空演变特征进行归纳分析。再次,从农村基础教育、农村医疗卫生、农村基础设施、农村文化设施和农村社会保障制度等层面深入探讨农村公共服务供给对贫困的内在逻辑影响机制,厘清其影响路径,进而采用系统广义矩估计法实证检验我国农村公共服务供给的减贫效应,归纳影响农村公共服务供给的减贫效应的关键因素,比较分析不同类型农村公共服务对贫困的作用程度,甄别减贫效应最大的农村公共服务。最后,提出在经济发展进入新时代背景下提升我国农村公共服务供给的减贫效应的对策措施,为提高我国农村公共服务供给的减贫效应提供理论借鉴。

## 第五节 研究内容

根据上文研究思路的安排，本书内容共划分为八章：

第一章为导论。本部分主要介绍本书研究农村公共服务供给的减贫效应的背景、研究目的和研究意义，界定研究过程中所涉及基本公共服务、农村公共服务、贫困等的概念，阐述本书的研究思路、研究内容安排、使用的主要研究方法以及研究过程中的突破和创新之处。

第二章为研究综述。本部分主要是对国内外学者研究农村贫困、农村公共服务供给的减贫效应等相关成果进行系统梳理，掌握相关领域研究的学术前沿。首先，从农村公共服务供给效率评价、农村贫困人口的识别、农村贫困程度的测度等维度介绍了国内外学者对农村贫困识别与测度的相关研究成果。其次，从教育发展、医疗卫生、基础设施、文化设施、社会保障五个层面阐述学术界对于农村公共服务供给的减贫效应的研究成果。最后，基于农村公共服务供给视角，深入介绍了提升农村公共服务供给的减贫效应的对策建议的研究成果，夯实了本书研究的理论基础。

第三章为我国农村公共服务供给现状研究。本部分利用我国农村公共服务供给的宏观统计数据，从农村教育事业发展、农村医疗卫生事业发展、农村基础设施建设、农村文化设施建设和农村社会保障发展等层面归纳了我国农村公共服务供给的总体特征，并对农村公共服务供给过程中存在的农村公共服务供给总量不足、供需结构失衡、公共服务供给的城乡失衡、农村公共服务供给效率低下等典型问题进行阐述，剖析产生这些问题的根源，进而有针对性地提供农村居民需要的不同类型的农村公共服务，提高农村公共服务供给质量。

第四章为我国农村贫困现状研究。本部分利用国家贫困人口统计数据，从农村贫困人口、贫困发生率、区域性贫困等层面对我国农村贫困的基本情况进行描述性分析，归纳得出我国现阶段扶贫开发工作中存在深度贫困问题依然突出、产业扶贫效应有待提升、扶贫资源配置效率较低、扶贫绩效考核机制不健全等问题，从而较为全面掌握我国农村贫困与精准扶贫的基本情况，有助于更为深入地研究农村公共服务供给的减贫效应，进而为制定有效提升农村公共服务供给的减贫效应的对策提供现实基础。

第五章为我国农村公共服务供给减贫效应理论研究。为了系统探究农村公共服务供给对农村贫困的内在影响机理，厘清不同类型农村公共服务供给对农村贫困的具体影响路径，本部分依照本书对农村公共服务的界定范围，将农村公共服务划分为农村教育、农村卫生医疗、农村基础设施、农村文化事业和农村社会保障五种类型，进而分别深入探讨了上述五种类型农村公共服务供给对农村贫困的作用机理，将各自影响路径清晰展示出来，为更好地开展实证研究奠定了坚实的理论基础。

第六章为我国农村公共服务供给效率评价研究。本部分首先从总体上介绍农村公共服务供给效率评价方法的基本原理和构建评价指标体系的基本原则。其次，构建包括投入指标、产出指标和环境变量的农村公共服务供给效率的综合评价指标体系，分别采用三阶段DEA模型和Malmquist指数模型，从静态和动态层面测算农村公共服务供给效率。最后，从全国、区域和省级三个维度对农村公共服务供给效率的测算结果进行分析，考察农村公共服务供给效率的时空演变特征，深入探究影响我国农村公共服务供给效率的主要因素。

第七章为我国农村公共服务供给减贫效应测度研究。本部分首先介绍了本书在实证研究过程中所采用的恩格尔系数、贫困发生率等指标以及系统广义矩估计法等不同研究方法的基本原理。其次，构建指标体系评价我国农村公共服务的供给效率，采用系统广义矩估计法实证检验农村公共服务供给对农村贫困的作用程度，以分析我国农村公共服务供给的整体减贫效应。最后，采用系统广义矩估计法进一步实证检验了农村教育、医疗卫生、基础设施、文化事业和社会保障等不同类型公共服务供给的减贫效应,并对各种类型农村公共服务供给的减贫效应进行比较分析,以考察农村公共服务供给影响贫困的异质性效应,进而甄别减贫效果显著的农村公共服务。

第八章为我国农村公共服务供给的减贫效应提升对策研究。本部分首先提出了提升我国农村公共服务供给的减贫效应的总体思路,从大力发展农村教育事业、加强农村基础设施建设、完善农村医疗服务体系、健全农村社会保障制度、加强农村文化事业减贫作用和推动农村公共服务供给模式优化创新等方面完善农村公共服务供给,提高农村公共服务供给质量,进一步提升农村公共服务供给的减贫效应,减少农村贫困人口,助推我国脱贫攻坚工作。

第九章为结论与展望。本部分归纳了本书研究的五个主要结论,并从获取微观调查数据、优化农村贫困衡量指标、构建多主体微观政策干预仿真系统模拟分析等方面阐述了未来进一步研究方向。按照以上研究内容安排,本书研究的具体思路如图1-3所示。

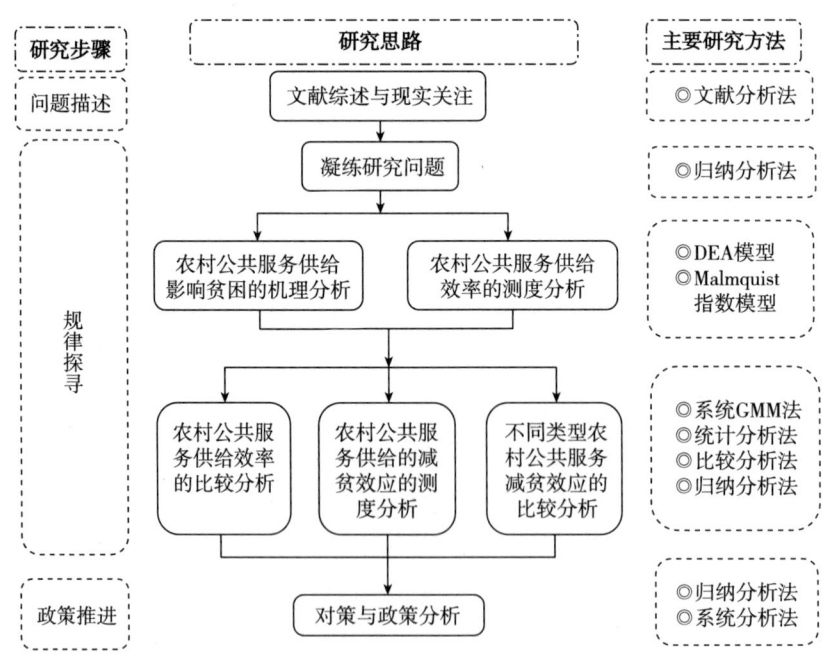

图1-3 技术路线

## 第六节 研究方法

### 一 文献研究法

通过系统收集国内外关于农村贫困的定义、识别和测度方法、农村贫困人口识别、农村公共服务供给效率的评价方法、不同类型农村公共服务减贫效应、消除农村贫困的政策选择等的相关研究文献，并以问卷调查和深度访谈形式，夯实本书研究的理论基础，拓展研究深度，为构建本书的研究框架奠定坚实的理论基础。同时，通过查找文献以及省市等层面的《统计年鉴》、历年的《中国农村贫困监测报告》与国务院扶贫办和国家统计局等公布的数据资料，收集整理我国减贫效果显著地区的农村公共服务供给数量与贫困人口等方面的数据，夯实本书实证研究基础。

### 二 问卷调查法

为了探究农村公共服务供给在减少农村贫困过程中所起的作用，获取农村公共服务供给减贫效应的微观数据，以实地深入了解农村公共服务供给现状及其减贫效应，本书作者组织相关研究人员设计实地调查问卷，并由本书作者带领贵州财经大学硕士研究生组成问卷调查组，奔赴贵州省下辖市州的部分贫困县的贫困村进行调研。在具体调查过程中，研究团队通过向贫困村民和村干部发放问卷调查、深度访谈以及到田间地头实地考察等形式，获取减贫效果显著地区的农村公共服务供给与贫困程度等方面的微观数据，了解这些地区贫困人口致贫的原因，归纳分析其减贫和脱贫过程中存在的典型问题以及实际减贫效果，进而撰写调研报告。

### 三 计量分析法

为了验证农村公共服务供给对农村贫困影响的直接效应和间接效应，首先，本书运用三阶段 DEA 模型和 Malmquist 指数模型综合评价我国农村公共服务供给效率；其次，采用恩格尔系数、贫困发生率等指标，科学测度我国分省地区的农村贫困程度，并利用所得结果进行描述分析，初步掌握农村贫困状况；最后，基于上述评价结果，采用动态面板数据模型中的两步系统广义矩估计法（SYS-GMM）对 2011—2016 年中国 24 个省（区、市）的农村公共服务供给的减贫效应进行实证检验，甄别减贫效应的主要影响因素。此外，本书采用两步系统广义矩估计法进一步实证检验了农村教育、医疗卫生、基础设施、文化事业和社会保障等不同类型农村公共服务供给的减贫效应，分析上述不同类型农村公共服务供给对贫困的作用程度，比较不同类型农村公共服务供给的减贫效果的大小，为制定更有针对性的对策建议提供理论参考。

### 四 系统分析法

借鉴国内外提高农村公共服务供给效率以及提升农村公共服务供给的减贫效应的实践经验，结合我国农村地区公共服务供给现状和贫困状况的基本特征，以及各地区社会经济发展的具体情况，本书实证检验我国农村公共服务供给的减贫效应，归纳影响我国农村公共服务供给的减贫成效的重要因素，比较不同类型农村公共服务供给的减贫效应，找出减贫效应最大的农村公共服务供给类型，系统提出我国农村公共服务供给的减贫效应提升的新思路，进而制定提升我国农村公共服务供给的减贫效应的政策体系。

## 第七节 突破与创新之处

在文献综述基础上，本书描述了我国农村公共服务和农村贫困的总体情况，系统探讨农村公共服务供给对农村贫困的影响机理，探究其影响路径，收集整理国家、省级层面的农村公共服务和农村贫困的宏观统计数据与微观调查数据，进而利用不同方法科学评价我国农村公共服务供给效率与农村贫困程度，采用系统广义矩估计法实证检验农村公共服务供给的减贫效应，并提出提升我国农村公共服务供给的减贫效应的对策建议。与现有研究相比，本书的研究在研究视角、研究方法和理论研究上具有一定创新性。

## 一 研究视角的创新

纵观人类发展历程，农村公共服务在社会经济发展中起着难以替代的促进作用，其供给质量和效率的提升是减少贫困人口、优化农村生产生活环境、增加农民收入、缩小城乡收入差距、保障城乡和谐、促进农村经济持续稳定发展的重要手段，也是精准扶贫、稳定脱贫的重要助力，对贫困农村数量及其贫困人口的减少发挥了巨大促进作用。本书基于农村公共服务供给的减贫效应视角，构建综合评价指标体系，对我国农村公共服务供给效率进行评价，采用科学方法测度农村贫困程度，并描述农村公共服务供给效率的时空演变特征，进而采用系统广义矩估计法等计量分析方法深入探究我国农村公共服务供给的减贫效应，并对不同地区和不同类型的农村公共服务供给的减贫效应进行横向比较分析，为新时代提出我国农村公共服务供给效率提高、提升扶贫攻坚期我国农村公共服务供给的减贫效应的新思路提供了理论借鉴。

## 二 研究方法的创新

本书在对我国农村公共服务的供给现状和农村地区贫困的基本情况进行描述性分析，进而掌握我国农村公共服务供给和贫困现状的基础上，参考现有研究成果，构建包括教育条件、医疗卫生条件、社会保障状况、交通状况、文化设施和生态环境等二级指标的农村公共服务供给的综合评价指标体系，采用三阶段 DEA 模型和 Malmquist 指数模型，综合评价了我国不同层面的农村公共服务的供给效率。同时，本书采用恩格尔系数、贫困发生率等指标，衡量我国农村地区的贫困程度，并比较不同地区的贫困水平，与其他相关文献相比，在农村公共服务供给的减贫效率的研究方法上有一定程度的创新。

## 三 理论研究的创新

本书构建包括医疗卫生、教育条件、社会保障状况、交通状况等指标在内的综合评价指标体系，采用三阶段 DEA 模型和 Malmquist 指数模型综合测度中国省级层面的农村公共服务供给效率，采用恩格尔系数和贫困发生率指标测算我国农村地区的贫困程度，进而依据上述数据归纳我国农村公共服务供给效率的基本情况和农村贫困的总体状况，总结存在的典型问题，探究农村公共服务供给对农村贫困的影响效应，甄别影响我国农村贫困的重要的内外部性因素，进而提出提升农村公共服务供给的减贫效应的对策建议，既有助于提高我国农村公共服务供给水平、改善农村贫困地区的发展条件、夯实农村贫困人口稳定脱贫的现实基础，也能够夯实我国扶贫减贫工作的理论基础，从而进一步完善和发展欠发达地区基本公共服务供给和精准脱贫的理论体系。

# 第二章 研究综述

当前，我国特色社会主义进入新时代，经济发展也进入新时代，在此背景下农村社会经济发展面临的资源环境约束趋紧。为此，更需要充分发挥农村公共服务供给在减少农村贫困中的积极作用，破解资源环境约束。众所周知，农村公共服务供给水平和供给质量的提高是缓解农村贫困的重要途径（李丽、蔡超，2014），对改善农村生产生活条件，促进农村经济社会发展，缩小城乡差距具有极其重要的作用。当前，农村和城市分别进行了社会保障与公共服务供给的"社会化"改革进程，而附着在各级事业单位之上的福利化的、行政化的社会保障与公共服务供给，随着居民与单位之间非经济关系的解体而逐渐"社会化"或"市场化"，成为独立的公共政策领域（王震，2019）。由此可知，农村公共服务供给数量的增加和供给质量的提高，既是农村经济社会发展水平的重要体现，也是我国打赢脱贫攻坚战，确保我国农村贫困人口精准脱贫和稳定脱贫，实现乡村振兴，如期全面建成小康社会的关键举措。为了更深入系统了解农村公共服务供给状况及其对农村贫困的影响效应，国内外学者从农村公共服务供给效率评价、农村贫困人口识别、农村贫困程度测度、不同类型农村公共服务供给的减贫效应等不同维度进行了深入研究。

## 第一节 农村公共服务供给效率评价研究

在公共服务供给问题的研究中，学术界多采用数据包络分析法（DEA）对公共服务供给效率进行评价。Rongen（1995）、Grytten 和 Rongen（2000）利用挪威城市层面的宏观统计数据，采用随机前沿函数测度了挪威国内六种公共服务的地方性财政支出效率以及供给效率。Hoxby（1999）建立了地方公共服务供给效率的可行性评价模型，采用 DEA 模型测度学校和其他地方政府提供相关公共服务的供给效率。Worthington（1999）运用 DEA 模型对新南威尔士州的公共图书馆供给进行测度，研究发现在新南威尔士州的各类公共图书馆中只有 9.5% 的公共图书馆具有全部技术效率，其余均为非技术效率的，其研究表明需要提高公共图书馆的技术效率。Geys 和 Moesen（2009）运用 FDH、DEA 和 SFA 三种方法评估了法兰德斯地方政府提供农村公共产品方面的综合效率，评价结果显示 DEA 模型在评估农村公共产品供给效率方面具有独特的优势。Norton 和 Weber（2009）基于美国环保署的社区饮用水系统的调研数据，运用 DEA 方法研究发现美国联邦和州一级政府供给的公用事业最有效率，私人和企业提供的公用事业的效率最低。Prior 和 Surroca（2010）运用超效率 DEA 方法科学测度了西班牙公立医院的供给效率，并利用迭代方程确定医院等公共产品的"合理前沿效率"。Mallikarjun 等（2014）运用网络 DEA 方法评价公共轨道交通的供给效率，进而实证检验政府补助与公共轨道交通运行效率的关系，研究发现两者之间具有反向变动关系。Slater 和 Aiken（2017）运用 DEA 方法研究发现，引入第三方组织确实能够显著提高公共服务的整体供给效率。

尽管国内学者对公共服务以及农村地区公共服务的供给效率和质量的研究起步较晚，但从不同维度进行了深入研究，其中多采用

DEA 模型与 DEA－Tobit 模型评价农村公共服务供给效率。张鸣鸣（2010）运用参与式方法，研究发现无差别的供给政策、政府投资的"马太效应""社会排斥"以及农村发展能力低下是导致我国近年来农村公共产品效率低下的主要原因。郑卫荣（2011）利用浙江省 14 项农村公共产品的满意度调研结果，采用 DEA－Tobit 模型评价农村公共产品供给效率，研究发现公共文化、环境保护、基础教育和社会保障等农村公共产品的供给效率有待提升。朱玉春等（2010）采用有序 Probit 模型研究发现，农户参与满意度及其参与方式是影响农户评价农村公共产品供给效率的关键因素。谢迪和吴春梅（2013）利用因子分析和结构方程研究发现，村庄治理系统的主体能力、权力结构、公共资源分配等关键要素对农村公共服务供给效率产生了正向影响。乐为和钟意（2014）构建 DEA 模型实证研究发现，我国农村公共产品供给无效率与农民负担沉重并存，并且在长期演变过程中呈现加剧趋势特征，需要适度减轻农民公共产品供给负担。谢迪和吴春梅（2015）运用结构方程模型对湖北省 5 个村庄 1098 份有效问卷的微观调研数据进行实证分析，测度了上述村庄的农村公共服务供给效率，研究发现并验证了村庄治理在农民个体理性对农村公共服务供给效率的正向影响中起完全中介作用。严奉宪和刘诗慧（2015）基于湖北省三个代表性县市 540 位农户和 44 位村干部关于农业减灾公共品的供需情况的问卷数据，运用统计分析筛选出农户需要的减灾公共品种类，进而通过 DEA 模型以及 Tobit 模型分析影响农村公共产品供给效率的因素，研究发现人均 GDP、人均减灾投入、受灾比例以及男性比重对于减灾公共产品的供给效率具有显著的正向影响；进一步研究发现在农村减灾公共品的供给上存在盲目供给以及政策实施不到位的情况。冷哲等（2016）利用 2011—2013 年中国 28 个省份的统计数据，采用三阶段 DEA 和超效率 DEA 方法测度我国农村公共产品的供给效率，并实证检验了经济发展水平、城镇化程度、财政分权和人口密度等对农村公共产品供给效率的影响效应。

姚林香和欧阳建勇（2018）构建了基于 DEA – Tobit 两步法的分析框架，运用 DEA 模型对我国农村公共文化服务的财政政策绩效进行定量评价和实证检验，研究发现我国农村公共文化服务的财政政策绩效有待提升，资金使用存在浪费情况，投入产出绩效不稳定，需要制定切实提高我国农村文化事业供给效率的政策措施。渠鲲飞和左停（2018）研究发现我国农产品供给效率存在悖论，即农产品在生产过程中的供给效率提高的同时，总体利润实现阶段的供给效率却出现下降趋势；进一步分析发现人均土地面积、农产品价格与供给效率呈正相关，而生产性投资与供给效率呈现反向变动的趋势，这表明在我国农产品生产过程中存在资源错配情况。胡玉杰和彭徽（2019）从医疗卫生公共服务产出的角度，选用农村每千人病床数、农村每千人技术人员数作为农村公共服务产出的度量指标，研究发现财政分权与农村医疗卫生公共服务供给存在正向影响，而晋升激励程度则存在显著的负向影响；同时，进一步研究还发现我国农村医疗卫生公共服务存在严重的区域发展不平衡不充分问题。张应良和徐亚东（2020）利用中国家庭动态跟踪调查 2014 年数据，并基于马斯洛需求理论将农村公共服务分为农村生活条件、农村医疗设施、农村交通设施、农村生态环境、农村文化设施、农村教育设施、农村社会保障七个方面，进而构建指标体系综合评价农村公共服务供给效率，研究发现农村公共服务供给不一定会显著提高居民主观幸福感，提高居民主观幸福感的前提条件是满足农村居民需求，即有效公共服务供给才能提高居民幸福感。胡洪曙和武锶芪（2020）采用 DEA 模型测度我国内地 31 个省份 2013—2017 年的基本公共服务的供给效率，实证结果发现近 5 年来，我国基本公共服务的财政端综合供给效率未能得到显著提升，但从纯技术效率的角度出发，绝大多数地区的管理水平和制度效率提升明显，总体效率提升缓慢的原因在于规模报酬的降低。

部分学者在测度我国农村公共服务供给效率的基础上，对农村公共服务供给效率的区域差异也进行了深入研究。朱玉春等

(2010)利用 DEA 方法对全国 28 个省份 2005—2007 年的农村公共服务效率进行了评估,研究结果显示近年来我国农村公共服务纯技术效率和规模效率均呈现出梯度变化特征,即东部地区的纯技术效率和规模效率高于中部地区,而中部地区又高于西部地区。刘天军等(2012)、杨辉和李翠霞(2013)采用 DEA-Malmquist 生产率指数法,分别对陕西省和黑龙江省所辖各市的农村公共物品供给效率进行了测度,研究结果表明两省农村公共物品供给效率存在显著的区域差异。唐娟莉(2014)采用 DEA-Tobit 两阶段评价模型,测算全国 31 个省份农村基本公共服务的投资效率,研究发现 2007—2009 年我国不同地区的农村公共服务投资技术效率水平呈现出梯度变化特征,即西部地区比中部地区高,而中部地区又高于东部地区。冷哲等(2016)的研究也发现在对环境因素和随机扰动因素进行调整后,我国农村公共产品供给效率的区域排名为"中部地区>东部地区>东北地区>西部地区",而在综合技术效率的区域排名中,中部地区最高。刘玮琳和夏英(2018)采用三阶段 DEA 模型和三阶段 Malmquist 指数模型,分别从静态和动态角度评价了 2011—2015 年我国 29 个省份的农村基本公共服务的供给效率,并采用计量分析方法研究发现农村贫困程度、城镇化水平、经济发展水平、人口密度等环境因素对农村基本公共服务供给效率有显著正向影响;在剥离环境因素和随机因素后,我国农村基本公共服务供给效率均值整体呈现出改善态势,且呈现"中部地区>东部地区>西部地区"的区域格局,基于上述研究结果两位学者还指出应当注重农村基本公共服务技术效率、技术进步和规模效率的同步提高,重视环境因素对农村基本公共服务供给效率的影响。胡洪曙和武锶芪(2020)基于我国省级层面数据测算公共资源利用效率,研究发现我国各个区域在公共资源投产利用效率上的差距并没能得到有效缓解,三大经济地带整体供给效率的排序为:"中部地区>东部地区>西部地区"。

## 第二节　农村贫困人口识别研究

贫困人口的识别和贫困程度评价指数的构建是长期以来测度贫困和分析贫困问题的关键环节，也是研究贫困问题的重点。贫困人口的识别是贫困指数构建的基础，也是精准扶贫的重要前提。早期学术界对于贫困人口的识别主要是依据家庭收入的高低和财富的多寡；同时，也可根据个体理论上的最低生存需求来确定收入贫困线，进而确定贫困人口数。

打赢脱贫攻坚战必须精准识别贫困人口，提高扶贫资源的配置效率，进而提升精准扶贫的成效。因此，精准扶贫的首要任务是对于贫困人口的精准识别（郑品芳、刘长庚，2018），从多维视角识别和分析贫困问题，能够挖掘贫困的本质，从而为政府制定反贫困政策提供更为精准的科学依据（陈辉、张全红，2016）。学术界从不同角度深入探究农村贫困人口的识别问题。汪三贵等（2007）利用国家统计局农村贫困监测数据和计量经济模型识别与农户贫困和家庭福利状况高度相关的预测指标，研究发现无论是 OLS 模型还是 Logistic 模型，可以准确预测 50% 以上的贫困家庭，但要准确预测极端贫困人口则十分困难。张晓静和冯星光（2008）构建了包括贫困识别、贫困加总、贫困分解三个模块的贫困规模的测度体系以及反贫困效果的评价指标体系，研究发现政府扶贫政策达到的目标的不同决定了其扶贫的手段的不同。罗楚亮（2010）利用 2007 年和 2008 年住户追踪调查数据研究发现，在两年内一直陷入贫困状态的家庭的比重较低，但贫困类型结构也会受到贫困标准的影响，贫困标准越高，则持续贫困在两年内的贫困个体在总体贫困中的比重将有较大幅度的上升；同时，研究还发现包括外出务工收入在内的工资性收入增长对于农户脱离贫困状态具有重要的贡献，而经营收入的波动是农户陷入贫困状态的重要因素。Alatas 等（2012）运用类似于多维贫困的家庭调查方法研究了贫困群体的识别瞄准效率，有助于准确识别贫困人口。高艳云和马瑜（2013）在多维视角下，选用了9个指标识别出家庭在某个时点的贫困状况，然后将家庭在不同时点贫困状态的变动分为三种类型，分别采用有序响应 Probit 模型研究发现，加强基础教育和职业教育等人力资本投资、改善人口结构、平衡地区发展差距等都是减少农村贫困的重要举措。张全红（2015）利用中国健康与营养调查数据（CHNS），选取教育、健康和生活水平3个维度的10个二级指标，从剥夺得分的角度对1991—2011年中国的多维贫困进行了测度、识别和动态分析，研究发现多维视角下中国的减贫效果好于单一收入指标下的减贫效果，早期多维贫困人口中极端贫困比重超过60%，但后期该比重降至不到30%。汪磊和伍国勇（2016）提出要从整合多维数据、创新扶贫政策、推广定量方法以及道德标准优先等维度识别贫困人口。朱梦冰和李实（2017）利用2013年农村住户定点调查数据对现行农村低保瞄准问题进行分析，发现低保户识别标准需从单一收入标准向多维贫困标准转变，形成统一的低保标准，制定统一的识别方案。胡联等（2017）利用5省30个贫困村互助资金试点村调研数据，分析发现具有政治关联对农户参加扶贫项目有显著正向影响，村级治理不完善是导致政治关联影响扶贫资源瞄准的重要原因；同时，政治关联影响扶贫资源瞄准的外部原因是政府主导的扶贫项目过多，导致扶贫资源利用效率下降。胡联和汪三贵（2017）指出精准识别建档立卡是精准扶贫的前提，进而利用乌蒙山片区贫困村抽样调查数据研究发现，云贵川60个贫困村建档立卡存在明显的精英俘获现象，精英俘获率为25%，其中精英俘获对瞄准失误的贡献率为74%，表明在精准扶贫过程中建档立卡面临精英俘获的严峻挑战。张昭等（2017）构建了"收入导向型"多维贫困指数，采用中国家庭追踪调查数据（CFPS）的农村子样本，考察多维贫困的识别、追踪和流动性问题，研究发现仅依据收入、教育和生活状况三个维度即可有效识别和追踪贫困家庭，并且在这三个维度下均处于贫困状态的农村家庭跳出贫困陷阱的概率显著低于一般收入贫困家庭。郑品芳和刘长庚（2018）认为要从根本上解决贫困户识别偏离问题，需要从构建扶贫开发大数据平台、对贫困人口进行精准分类、调整和完善民主评议制度等方面精准识别贫困户，并将非贫困户剔除出贫困户群体。高明和唐丽霞（2018）使用修正的 FGT 多维贫困测量方法测算了贫困村庄建档立卡户与非贫困户的多维贫困指数，分析发现非建档立卡户的多维贫困强度与建档立卡户接近，两种类型农户的多维贫困差异并不明显，而建档立卡户在家庭人均纯收入、健康状况、住房以及耐用品拥有量等指标上的贫困程度更深。刘娜和李海金（2018）提出了优化与调适贫困瞄准机制：一是从宏观层面加强对贫困人口的动态管理，完善扶贫权力运作的内部督查与外部评估机制，增强权力运作的透明度；二是从微观层面加强对权力常规主体乡村干部的培训与职业伦理教育活动，充分利用嵌入型主体第一书记的激活作用，提升扶贫效果。李宝山（2018）使用中国家庭追踪调查数据（CFPS）中的家庭收入、支出数据识别了农村贫困人口，测算了6个经典的贫困指数，比较分析了基于收入和支出指标识别贫困人口、测算贫困指数的差异，由此得出了中国农村基于收入和基于支出所识别出的贫困人口存在较大差异。杨帆等（2019）则研究了包括农民工在内的城市流动人口中的贫困人口识别方法，为了更为准确识别出流动人口中的贫困人群，要坚持以政府为主导、企业为主体、社区为主力、社会共同参与的基本原则，构建以政府、市场、社区、社会、贫困者自身协同推进的贫困治理大格局。周云波和贺坤（2020）在研究中发现我国现有的收入贫困的瞄准性存在局限，难以全面、真实地反映贫困的全貌，而多维贫困识别能够弥补单维收入贫困识别瞄准性不强的短板，如果将收入维度纳入多维贫困识别矩阵，则能够显著提升多维贫困识别的覆盖率并降低对收入贫困的漏出率。

部分学者探究了贫困识别的影响因素。段世江等（2014）克服传统的采用贫困线测度贫困的弊端，利用"环首都贫困带 22 县人口状况"调查数据,采用微观多维度层次分析法将贫困带家庭按照"贫困—富裕度"划分为 5 类:非常贫困户、有些贫困户、一般户、比较富裕户和非常富裕户,通过对 5 类家庭进行比较分析发现贫困带的贫困家庭具有老年人口贫困化、人力资本存量低、收入来源单一以及脆弱性突出等特征。张永丽和卢晓(2016)利用 2015 年甘肃省一个贫困村的社会调查资料,对该村的多维贫困现状进行了测算和识别,研究发现教育和健康引起的贫困问题在农村地区更加严重,多维贫困发生率较高,其中农户务工收入比重、教育、健康、银行贷款等在不同程度上可以解释多维贫困发生的原因。殷浩栋等(2017)从家庭禀赋、生态环境、基础设施与基本公共服务四个维度构建了易地扶贫搬迁户识别的多维指标体系,利用 8 省 16 县 2185 户已纳入搬迁计划的农户样本研究发现,搬迁对象的识别存在一定比例的漏进,其中陕西、四川和云南三省搬迁农户的识别漏进比率最高,漏进的类型主要是自我发展型;其中学校可及性、集市可及性、地理条件、医院可及性、人均耕地面积是对准确识别搬迁户的贡献度最大的五项指标。何立华(2017)通过构建一个由农户、官员以及地方政府三方参与的博弈模型,分析"被脱贫"和"假贫困"现象的微观原因,进而探悉贫困人口识别精准率的影响因素,并围绕违规类型认定和处罚标准设定以加强政府监管,为准确识别农村贫困人口、提高精准扶贫效果提供了理论借鉴。

## 第三节 农村贫困测度研究

加快推进精准扶贫和稳定脱贫,提高扶贫工作效果,需要更加准确地捕捉农村贫困基本特征。学术界基于不同研究目的,从不同角度探讨了贫困程度测度问题,在研究过程中采用的数据类型、研究方法和渠道也不尽相同。一部分学者采用中国健康与营养调查数据、全国农村固定观察点微观住户数据等不同类型微观调查数据测度我国农村贫困指数（罗楚亮，2012；陈飞、卢建词，2014；程名望等，2014）；也有一部分学者采用抽样调查数据进行测度，其中王祖祥等（2006）采用二次样条函数逼近方法测度了我国 1995—2004 年的贫困程度。张莹和万广华（2006）将数据产生法与夏普里值分解法进行结合，构建了一个半参数形式的贫困分解法，同时将中国城市贫困的地区差异分解为三个组成部分，这三个部分可以分别归因于各地区之间在平均名义收入水平、收入不平等及贫困线三个方面的差异，由此研究发现我国贫困率主要取决于平均收入水平，但也在很大程度上受到收入分配的影响。

  关于贫困程度的测度问题，1996 年联合国开发计划署（UNDP）在《人类发展报告》中提出能力贫困指数，用三个指标构成的一个综合指数来衡量个体能力缺失的程度以及贫困程度。在此基础上，1997 年 UNDP 进一步提出了人类贫困指数（Human Poverty Index），该指数包含生存指标、知识指标和体面生活标准指标 3 个维度的信息，并构建多维度贫困指数，以测度不同国家的贫困程度。此后，从多维角度研究贫困已经成为学术研究的主流，诸多学者通过构建多维贫困指数测度不同居民群体的贫困状况。在研究过程中，关于多维贫困指数的构建，学术界提出了不同方法，Cheli 和 Lemmi（1995）提出模糊集方法，以克服贫困线界定中的随意性问题，提高贫困测度结果的合理性。王小林和 Sabina Alkire（2009）采用 Alkireand Foster 于 2007 年开发的多维贫困测量方法，利用中国健康与营养调查数据（CHNS），对住房、教育、健康、土地拥有量等 8 项指标进行等权重赋值，对中国城市和农村的多维度贫困情况做了深入分析，研究发现中国城市和农村家庭都存在收入之外的多维贫困，城市和农村近 1/5 的家庭存在收入之外任意 3 个维度的贫困。此后，Lugo（2009）从信息经济学的角度提出多维贫困指数合成法、Ramos 和 Silber（2010）基于投入产出视角提出效率分析方法等测度贫困程度。Bourguignon 和 Chakravarty（2003）为每个维度的贫困设定一条界线即单一贫困指标，若个体低于这些不同的贫困界线中的至少一条，则可以认定该个体属于贫困群体，然后进一步探讨了如何采用公理化的方法将这些单一贫困指标合成多维贫困指标，以更精确测度贫困程度。Alkire 和 Foster（2011）提出了多维贫困测度方法，即双界线方法，包括两个临界值：一是每个福利指标上的临界值，用于判断个体在该指标上是否处于贫困状态；二是缺失得分的临界值，计算个体在所有指标上的缺失得分，进而同临界值进行比较，以判断个体是否为多维贫困；同时，可以采取两个步骤进行测量：一是判断个体在每个维度内是否被剥削；二是测算个体在每个维度中被剥削的程度，进而依此确定被测算个体是否属于穷人。邹薇和方迎风（2011）利用中国健康与营养调查 8 个调查年度的数据，从收入、教育和生活质量 3 个维度对中国的贫困状况进行了动态多维度考察，结果发现相对于单一的收入贫困，多维贫困程度更为严重、波动性更大，其中教育贫困尤其严重；进一步分析发现，近年来农村多维贫困对全国贫困的贡献度高达 80% 以上，东部地区的多维贫困下降明显快于其他地区。田飞丽和陈飞（2014）基于广义帕累托—洛伦兹曲线模型，构建了利用分组数据测算贫困指数的新模型，并使用统一的贫困线标准测度 FGT 贫困指数，研究发现增加农业基本建设支出和农户贷款余额有利于减少贫困人口数量，但由于贫困者资源获得能力较弱，导致贫困与非贫困群体间的收入差距、贫困群体内部的不平等程度在不断扩大。杨龙和汪三贵（2015）利用中国农村贫困监测调查数据对我国农村贫困地区多维贫困状况进行衡量，并对多维贫困指数进行分解，甄别影响多维贫困的主要因素。杨振等（2015）将食品、衣着、居住、家庭设备及用品、医疗保健、交通和通信、文教娱乐服务及其他八大类作为我国农村居民贫困测度的维度，测算了我国农村多维贫困指数，研究发现各消费维度实际支出普遍高于相应维度的基本需求支出，相对贫困指数存在明显的维度差异与地区差异，东部省份贫困水平普遍较低，中部次之，西部地区最高。张全红和周强（2015）利用1991—2011 年中国健康与营养调查数据（CHNS），选择了 5 个维度共12个二级指标,分析了中国多维贫困的广度、深度(贫困缺口)和强度(不平等),结果发现中国多维贫困的下降主要发生在考察期的后10年,尽管城市和农村的多维贫困都明显下降,但城乡之间的不平衡仍然存在,农村的多维贫困程度更高;相对于贫困广度而言,贫困缺口和贫困人口内部不平等的改善程度更大。

沈扬扬等(2018)构建了"两不愁、三保障"下的多维贫困指标体系,将收入、教育、健康和居住条件纳入到综合评价指标体系中,测算1995—2013年我国农村地区多维贫困的跨期变化,分析发现随着近年来农村地区社会经济的持续稳定发展,农村多维贫困得到极大缓解,彰显超越收入维度的多维扶贫成效。孙咏梅(2019)采用分位数回归的隐性贫困测度方法,基于2016年以建筑业农民工为样本进行的调查数据,得到相应的K维隐性贫困值,发现我国农民工存在比较高的隐性贫困。王博等(2019)利用秦巴山集中连片深度贫困区1325份农户家庭微观调查数据,运用A-F指数和反向传播神经网络法对深度贫困地区农村多维贫困进行了测算和分析,发现深度贫困地区存在明显的交叉性与多维性贫困,致贫原因也复杂多样。张文娟等(2019)基于教育、生活状况、健康、收入水平四个维度,选择15个指标建立研究框架,使用A-F指数对微观调研数据进行计算,多维度测度牧民贫困家庭的贫困程度。胡原等(2020)基于2014年采集的"十二五"期间全国"整村推进"项目村基础数据,借鉴A-F多维贫困测度方法,对四省藏区村域多维贫困状况进行测度分解,结果发现除经济贫困之外,四省藏区还遭受基础教育和生产生活条件等维度的多维贫困,且多维贫困存在空间异质性,云南和青海藏区是四省藏区中多维贫困问题最严重的区域。张建勋和夏咏(2020)基于资本积累抑贫性这一视角,从农业产业资本、非农产业资本、潜在脱贫资本、家庭抗风险冲击资本和政府抗风险冲击资本五个维度,探讨了新疆南疆四地州33个县市的多维贫困程度及其时空分异特征,研究发现新疆南疆四地州多维贫困程度明显减缓,多维贫困重心开始向塔里木盆地南缘偏移,在空间上呈现出"北轻南重"的分异格局。

## 第四节 农村公共服务供给的减贫效应研究

贫困问题是一个比较复杂的问题，尤其是农村贫困问题是世界性的社会问题之一，不仅中国有，全球都有（汪三贵，2020），广义上讲贫困也是包含经济、社会、文化等的综合性社会现象。由于贫困人口规模庞大，中国更是将贫困问题视为头等重大问题来解决，制定了扶贫攻坚战，首要目标是到2020年在现行标准下实现农村贫困人口全面脱贫（孙咏梅，2019），如期打赢扶贫攻坚战。因此，如何消除农村贫困问题，特别是如何提升农村公共服务供给在减贫中的积极作用引起社会学、经济学、伦理学、人口学等不同领域学者的高度关注，学术界分别从农村教育、医疗卫生、基础设施、文化设施、社会保障等维度阐述农村公共服务在消除农村贫困中的重要性及其减贫效应。

### 一 教育发展减贫效应研究

学习改变命运，教育改变人生。教育机会的不均等是中国当代乃至下一代社会不平等的一个重要根源（Heckman，2005），无论是从入学机会还是从获得的教育资源看，中国教育机会的不均等问题仍然存在。教育一般先影响受教育者的劳动效率，然后作用于其收入水平，从而起到提高农户人均收入和消除农村贫困的重要作用（Behrman，1990），很显然，不同层次的教育在增加农民收入、减少贫困上扮演了重要角色。

教育作为扶贫助困的治本之策，在扶贫开发中发挥着关键作用（王志章、杨珂凡，2020）。教育扶贫的作用机制是教育扶贫作为制度规范或措施以及相应的制度体系或结构对相关客体（贫困群体、贫困群体的思想观念、行为方式）产生的影响及影响程度，并随着时间的变化产生互动关系（袁利平、姜嘉伟，2020）。由于基础教育作为造就人才和提高国民素质的奠基工程，在面向21世纪的教育制度改革中占有重要地位，成为影响我国农村贫困的核心人力资本要素（Autor 等，2003；章元等，2009）。王海港等（2009）采用异质性处理效应模型方法研究了珠江三角洲农村地区的职业培训对贫困人口的非农收入的影响，分析发现农村贫困人口的不可观察变量在其参与决策和收入获得中发挥了重要作用，显著增加了农村贫困人口的收入水平。随着高等教育的逐步普及，接受教育机会的不均等程度的扩大已成为妨碍益贫式增长的重要因素，探讨了如何消除教育机会的不均等（Zhang 和 Kanbur，2003；陈全功、程蹊，2006）。很多研究证实了教育对减少贫困具有正向作用（杨俊、黄潇，2010；丁建军等，2016）。刘修岩等（2007）利用上海市农村社会经济调查队2000—2004年的农户调查数据，建立一个两阶段Probit模型实证检验了教育与消除农村贫困之间的关系，研究发现教育对消除农村贫困的影响在统计意义上十分显著，提高农户受教育水平确实能在很大程度上降低其陷入贫困的概率。Nead 和 Walle Van de（1995）、Lanjouw 等（2001）指出，当处于不同教育阶段时，各级政府的教育支出对穷人的作用存在较大差异，中小学教育支出的增加比大学教育更有利于增加穷人收入，进而减少穷人数量。Lopez 和 Valdes（2000）采用拉丁美洲农村入户调查数据实证研究也发现，增加中小学教育机会能够显著提高农民的劳动生产效率以及增加接受教育的农民的非农收入。Kurosaki 和 Khan（2001）利用巴基斯坦1999—2000年农村调查数据，研究发现教育通过拓展农户的非农就业机会，增强收入获取能力，从而有助于增加农户的收入和减少农村贫困，是减贫的重要渠道。Cheng 等（2002）利用中国宏观统计数据实证检验减贫的影响因素，研究发现在政府的各种公共财政支出中，教育投资的扶贫效果最显著。Bhattacharya 和 Lakdawalla（2006）提出，以受教育程度来定义社会地位替代以收入决定的社会经济地位，将会发现增加教育公共服务支出对穷人有利，能够显著增加穷人收入水平。程名望等（2014）利用2003—

2010年全国农村固定观察点的微观住户数据，运用分位数回归法研究发现，健康与教育所体现的人力资本是影响农户收入水平的主要因素，对农村减贫具有显著作用；其中，从城乡收入差距缩小视角看，健康对农村减贫的作用比教育更为显著。但教育扶贫作用的发挥需以聚合地方性和全球性力量为核心载体，以重塑"知识资本"为预设目标，以注重"文化自觉"为指引方向，以运用"互联网+""大数据"等为技术支撑（袁利平、姜嘉伟，2020）。李强谊等（2019）利用1989—2015年中国健康与营养调查数据（CHNS），采用分位数回归估计方法（QR），对比分析了职业高中教育和普通高中教育对中国农村居民减贫的作用差异，研究发现不管是职业高中教育还是普通高中教育，两者均能够有效地提高农村居民收入水平；同时，职业高中教育和普通高中教育均能够缩小贫困与非贫困居民之间的收入差距，只是相比普通高中教育而言，职业高中教育缩小收入差距的效果更为明显。万里洋和吴和成（2020）构建预期贫困概率模型测量城市家庭贫困脆弱性，进而采用Probit模型检验家庭是否具有贫困脆弱性的决定机制，研究发现社会服务普及、社区教育范畴深化能够显著减少贫困人口，家庭孩子抚养、教育成本、心理和疾病风险是驱动贫困脆弱性的重要因素。赵周华和霍兆昕（2020）研究发现基础教育、医疗卫生能够明显降低当地的贫困程度，具有显著的减贫作用。李俊杰和宋来胜（2020）指出在精准扶贫过程中应加强贫困人口的能力、知识、技能和精神建设，通过实行教育扶贫助推"三区三州"跨越贫困陷阱就显得至关重要，并从"三区三州"教育扶贫的视角，研究教育何以能助推"三区三州"跨越贫困陷阱，教育助推"三区三州"跨越贫困陷阱取得的成绩、积累的经验及存在的不足，并从知识、技能和精神三个层面提出了相应的对策建议。李金叶和陈艳（2020）运用改进的多维返贫测度方法对新疆喀什地区农户贫困与返贫进行测度与分解，研究发现喀什地区"因病、因残返贫"问题突出，返贫深度在逐渐加深，而提高教育水平能更有效地解决多维贫困、返贫的广度问题。王志章和杨珂凡（2020）基于怒江傈僳族自治州泸水市老窝镇的实地调查，从生态系统理论角度探寻并用事实回答了教育能够阻断边疆民族地区的代际贫困，研究发现教育阻断代际贫困的具体路径为：在微系统中提升个体可行能力，而在中层系统中阻止阶层固化、防止代际福利依赖。

然而，也有一部分学者研究发现教育支出的增加和教育事业的发展并非一定存在正向的减贫效应，并没有显著地减少贫困人口（Bonal，2007）。Wedgwood（2007）利用坦桑尼亚的农户微观调查数据进行研究也得到了类似结论，他的研究发现农户增加其自身的教育投资并未产生显著的减贫效应。辛贤等（2005）的研究表明，中国农村劳动力的平均受教育水平为 6 年，而教育的回报率仅为 4% 左右，这意味着增加教育并未产生显著的减贫效应，其主要原因是中国农民的整体素质仍处于较低水平，与中国农业现代化进程和国民经济的进一步发展不相适应。杨国涛等（2005）利用宁夏西海固地区 720 个农户的调查数据对农户贫困的影响因素进行实证检验，结果显示受教育水平的提高并不能通过显著性检验，并未带来农户收入水平的增加，这表明提高受教育年限对农村居民贫困的影响方向和程度并不显著，还存在其他影响因素。单德朋（2012）利用 2000—2010 年中国西部地区省级面板数据，采用固定效应和随机效应模型研究发现，教育支出的减贫效果并不显著，教育质量对城市减贫的作用比平均受教育年限更为显著，而平均受教育年限对西部地区农村贫困的减缓具有"门槛"效应，且现阶段教育效能对农村减贫的整体作用为负。

## 二 医疗卫生减贫效应研究

健康扶贫的实施效果直接影响精准扶贫目标的实现，是打赢脱贫攻坚战的关键之举（汪三贵、刘明月，2019）。贫困地区尤其是深度贫困地区的健康扶贫是我国脱贫攻坚的难点和重点之一。Nead 和 Walle Van de（1995）基于家庭预算的调查数据研究发现，以预防疾病为主的基层医疗单位与大医院相比对穷人更有利，极大减轻

## 第二章 研究综述

了穷人的疾病治疗负担，在减贫中发挥了更大作用。但 Jimenez（1995）利用 13 个欧洲国家的调查数据实证发现，相对于穷人而言，富人得到医疗服务的单位成本较低，因此，富人将从政府手中获得更多公共卫生支出，从而使公共卫生支出的减贫效果并不明显。Sahn 等（1997）采用 8 个非洲国家的微观调研数据研究发现，由于政府制定的公共政策更偏向于富人，使公共健康支出并未向贫困人口倾斜，导致公共健康支出的减贫效应不显著。张车伟（2003）对我国农村地区多种营养、健康指标的回报率进行了测算，研究发现营养健康支出会显著提高农民劳动生产率，帮助农民生产出更多农产品，从而有助于增加农民收入。汪三贵（2008）认为，教育和医疗卫生服务的改善为农村和农业的发展储备了大量人力资本，能够增加农村贫困人口的创收机会，阻断贫困的代际传递，从而发挥显著的减贫作用。

在上述研究基础上，学者从不同角度对农村医疗卫生的减贫效应进行深入研究，探究产生减贫作用的传导路径，以提出减贫效应提升的具体思路。姜洁等（2017）基于四川大学华西医院健康扶贫的案例，从组织保障、信息识别、预防干预、分级协同、资源整合、项目安排和工作体系七大机制支撑构建了"三级一体"协同联动的精准健康扶贫治理模式，并提出了相应政策措施。张仲芳（2017）则从贫困脆弱性角度提出其观点，指出居民个体健康水平的下降会使其面临更高的贫困脆弱性，承担更高的医疗成本，由此若要推进健康扶贫，消除农村健康贫困，应充分发挥医疗保障的反贫困功能。翟绍果（2018）指出，健康贫困的治理逻辑在于健康资源的公平配置、健康保障的多重叠加和社会网络的联结扩展，健康贫困的治理经验体现在对健康、经济和社会等领域的多维干预，健康贫困的治理路径在于通过全程干预服务式健康扶贫、多重保障叠加式健康减贫、多元协同参与式健康反贫等制度创新和政策优化，从而充分发挥健康扶贫成效。邹文杰等（2018）利用 2010—2016 年中国省级面板数据，检验政府医疗卫生支出的减贫效应，研究发现政府医疗卫生支出的减贫效应受制于老龄化程度和城镇化水平，且具有明显的门槛特征：当老龄化程度越过门槛值 0.098，医疗卫生支出减贫效应将随着老龄化的加剧逐步弱化；当城镇化水平越过门槛值 0.542，医疗卫生支出的减贫效应则随着城镇化的提高而不断强化，因此，为了减少贫困需要大力推进新型城镇化。黄国武等（2018）认为，分级诊疗能够有效提高医疗卫生资源的配置效率，缓解贫困地区医疗服务供给的不足，这也是健康扶贫的有效途径。廖文梅等（2018）探讨了提高健康水平在减贫中的作用，并利用江西省 789 户贫困户的入户调查数据，采用中介效应模型研究发现，贫困户整体上较低的健康水平，将对贫困的退出产生显著的负向影响，会阻碍贫困退出，其中健康水平对贫困村、因病致贫的贫困户的贫困退出的阻碍作用更为显著。吴本健（2018）基于中国健康与营养调查数据（CHNS），以收入和热量作为贫困线标准，利用倍差法（DID）研究发现，热量作为贫困线标准，参加新型农村合作医疗（新农合）能使农户陷入贫困的概率降低 10.3%—12.3%。鲍震宇和赵元凤（2018）利用 2015 年中国健康与养老追踪调查数据（CHARLS），使用基准模型、PSM 模型以及 2RIS 模型研究发现，新农合的门诊统筹保险不具有减贫作用，住院费用报销率每提高 5%，可使农村人口贫困率降低 7.7%，表明多重医疗保障虽然具有减贫效果，但结果尚不稳健。赵黎（2019）从供给、需求和顶层设计三个方面揭示新医改中农村医疗卫生事业面临的发展困境，指出当前农村医疗卫生事业发展面临的问题集中体现为农村医疗卫生事业的短板性问题、农村医疗卫生服务的功能性问题和农村医疗卫生服务体系的结构性问题。因此，增加医疗卫生支出、减少农村医疗卫生事业发展中存在的问题成为影响农村地区贫困人口脱贫的重要因素（欧阳志刚，2007；李华、高健，2018）。汪三贵和刘明月（2019）研究发现改革开放以来健康扶贫实施效果显著，但在实施中部分贫困地区还存在健康扶贫目标理念偏差、医疗保障水平过高、政策利用率较低、医疗机构过度治疗和部门机构衔接机制不完善等问题，抑制健康扶贫的实施效果，需要进一步完善健康扶贫制度。张璇玥和姚树洁（2020）采用 A–F 双界法评估 2010—2018 年中国农村多维贫困指数，研究发现农村家庭的能力匮乏点发生转变，儿童辍学、医疗保险与养老保险已不再是农村贫困人口稳定脱贫的主要贡献因素，劳动能力、医疗负担与日常结余等抗风险能力与发展能力成为稳定脱贫成效的关键领域。刘汉成和陶建平（2020）基于2013—2017 年国家统计局的"全国农村贫困监测调查"数据，实证检验了倾斜性医疗保险扶贫政策的减贫效应，研究结果发现在倾斜性医疗保险扶贫政策中，提高财政保费补贴比例和住院报销比例对增加农村贫困人口收入和贫困户脱贫具有显著的正向影响，而提高门诊报销比例、降低起付线、提升封顶线对贫困户脱贫的影响不显著。

### 三 基础设施减贫效应研究

要致富，先修路。乡村道路、桥梁等基础设施的数量（存量）和质量高低对于农村贫困和农民收入的影响十分重要（郭劲光、高静美，2009）。在过去 20 多年时间里，中国城乡基础设施建设取得了跨越式发展（刘生龙、胡鞍钢，2010），显著改善了农民生产生活条件，为农村社会经济的持续快速发展做出了巨大贡献。很显然，基础设施状况的优化既是中国经济持续快速增长的原因，又是经济增长的结果，两者相互促进（张培丽、陈畅，2015），进而又可以通过不同渠道提高农民收入，进而减少农村贫困。

国内外学术界对于中国农村基础设施的减贫问题进行了深入探讨和研究。刘晓昀等（2003）通过分析贵州农户的调查数据，研究发现贫困地区的农村基础设施投资对农户人均收入和家庭消费支出有着积极作用，有效减少了农村贫困人口。Jalan 和 Ravallion（2003）利用印度的微观调研数据检验了自来水设施对农村儿童健康和家庭贫困的影响，结果发现，对于贫困家庭来说，有自来水基础设施意味着儿童发生痢疾的概率更低，从而降低家庭陷入贫困的概率，而健康人力资本有助于更多农村家庭摆脱贫困。Gibson 和

Rozelle（2003）利用巴布新几内亚的入户调查数据检验了道路、桥梁等基础设施的便利程度对贫困的影响，发现越容易获得交通基础设施的居民陷入贫困的概率越低。Fang 和 Zhang（2004）研究发现农村道路和信息基础设施对非农劳动生产率有着显著的促进作用，从而减少农村贫困。朱玲（2004）、汪三贵和李文（2005）的研究也发现道路、饮水、学校等农村基础设施建设对贫困具有显著促进作用。Estache（2004）系统地回顾了影响发展中国家贫困人口收入水平的基础设施政策问题，并重点考察了与基础设施相关的六个主要问题。Lokshin 和 Yemtsov（2005）利用格鲁吉亚的统计数据检验了教育、交通和自来水的重建工作对农村贫困的影响，结果发现，教育与基础设施的改善有助于减少农村贫困。鞠晴江（2006）利用四川省统计数据研究发现，农村基础设施的改善显著提高了农村居民人均纯收入，其中，具有不同质量的等级公路和等级对外连接公路对经济增长和减缓贫困均具有统计上的显著影响，而且等级公路比等级对外连接公路的作用更为显著。高颖和李善同（2006）的研究表明，基础设施可以通过降低要素转移成本和转移农村剩余劳动力到城镇就业来促进农村减贫。Zou 等（2008）分别比较了铁路和公路对于经济增长和减贫的影响，发现公路建设更加有助于减少贫困。Parker 等（2008）也列举了许多农村公共基础设施建设对减贫具有巨大促进作用的例子。汪三贵（2008）提出通过对道路、饮水、沼气、学校、移民搬迁和产业开发六大类项目的实施，能够使农村贫困人口受益，增加其收入水平，有助于推进整村扶贫工作。郭劲光和高静美（2009）梳理了农村基础设施对农村贫困的影响机理，进而研究发现农村基础设施的数量和质量对农民收入的增加和减贫具有显著的正向影响。

曾福生和曾小溪（2013）利用湖南省基本公共服务数据和贫困发生率数据，实证检验农村基本公共服务与贫困发生率的关系，研究发现基本公共服务水平较好的区县，一般来说贫困发生率低于基本公共服务水平中等和较差的区县。郭君平（2013）指出农村交通基础设施对减贫的正向作用渠道包括增加非农就业机会，降低农业生产、运输和劳动力转移成本，提高社会服务可获得性，以及促进农业产业结构调整和乡村旅游资源开发等。田飞丽和陈飞（2014）研究发现增加农业基本建设支出和农户贷款余额有利于减少农村贫困人口数量，但由于贫困者在资源获得过程中处于不利地位，农业基本建设支出的减贫效应并不显著。张勋和万广华（2016）研究发现，农村基础设施对包容性增长具有重要影响，农村基础设施投资既有利于增加农民收入，减少贫困人口；也有利于消除农村内部的收入不均等，减少农村收入差距。谢申祥等（2018）指出农村基础设施建设至少可以通过促进农村经济增长、改善收入分配、降低农产品流通成本和农村居民获得额外收入的交易成本等渠道降低农村贫困发生率，并利用2010年和2014年中国家庭跟踪调查（CFPS）数据，分别从贫困发生率、贫困强度和贫困深度三个角度测度了农村贫困状况，研究发现基础设施的可获得性对农村减贫具有正向影响，尤其是农村自来水设施的可获得性对农村减贫具有显著的正向效应。殷浩栋等（2018）以8省9县的彩票公益金扶贫项目的受益群体为研究对象，研究发现以小型基础设施为主的彩票公益金扶贫项目通过多种途径降低了贫困农户生产生活的交易成本。潘春阳和吴柏钧（2019）利用1996年到2014年138个发展中国家组成的面板数据探索了私人部门参与基础设施建设的反贫困效应，研究发现私人部门参与基础设施供给显著降低了发展中国家的贫困率；同时，"中介效应"模型检验结果显示，腐败控制通过促进私人部门参与基础设施供给进而降低一国贫困率。赵周华和霍兆昕（2020）以内蒙古自治区现有未脱贫的20个国家级贫困县为研究样本，研究发现农业基础设施建设能够明显降低当地的贫困程度，具有显著的减贫作用，而交通、通信等基础设施建设并未有效改善当地的贫困状况，减贫作用不明显，这意味着物质性基础设施的投入对民族地区的减贫效果没有服务性基础设施的减贫效果好。李建萍等（2020）运用中国280个地级及以上城市数据实证检验了高铁开通的减贫效应及其作用机制，研究结果表明通过提高地区可达性、创造和转移就业、增加产品输出、促进人力资本积累等多种途径，高铁开通能有效降低贫困水平，但这一效应因高铁的类型和地区而存在一定的差异，其中高铁对经济发达地区的减贫作用明显，而对经济落后地区不存在减贫作用。李雨和周宏（2020）利用安徽省W县B镇2033户贫困户调查数据，采用二元Logistic模型研究发现基建投资对较低脱贫能力贫困户的减贫效应更显著，且长期减贫效果优于短期；产业扶贫能够显著促进贫困户摆脱贫困，且政府扶持政策越强的产业往往向较低脱贫能力贫困户倾斜，使其减贫效果更明显。钟学进（2020）选取2007—2017年我国26个省（区、市）的面板数据，研究发现旅游发展对贫困减少的作用显著，而基础设施建设对贫困减少的作用并不显著，而且基础设施建设对贫困减少的效果会在多因素的影响下波动。

**四　文化设施减贫效应研究**

贫困不仅是一个经济问题，也是一种社会文化现象，它与自然环境、人文环境有着密切的联系（辛秋水，2010）。因此，文化作为一种软实力，与之相关的文化扶贫有助于贫困人口精神和观念上脱贫，在精准扶贫中有效发挥内源驱动、活力重构、组织保障、精准施策的特殊作用（金慧、余启军，2019），成为我国农村贫困治理的重要组成部分，是传统扶贫方式的强化与升级。显而易见的是，文化扶贫也日益受到社会各界的高度重视，是新时代我国全面消除贫困的战略性选择，是扶贫的治本之策（左信，2017）。辛秋水（2010）提出文化贫困才是贫困产生的根源。要消除农村贫困，应走文化改良的道路，只有解决文化贫困，大力推行文化扶贫才能从根本上解决贫困问题（梁漱溟，2012）。由于经济发展本身也是文化进步的过程，文化与贫困紧密关联。刘易斯（1996）提出贫困文化理论，认为贫困不仅仅是经济上的贫困，更是文化上贫困，并进一步研究了文化贫困与贫困文化的运动逻辑，分析了贫困文化的代际传递机制。马斯洛（2012）提出的需求层次理论，以及Alderfer（1969）提出的 ERG 需要理论等相关理论都强调了文化在社会发展中的作用，反映了文化对于人类社会可持续发展的重要性，在一定程度上反映出文化内生于经济增长中。而基层文化设施在促进农村文化普及和居民基本文化权利保障过程中发挥了积极的作用，对推进农村文化建设和缓解城市化过程中的城乡差别也取得了一定的发展成效，但随着社会经济的持续发展和居民消费结构的变化，也显现出明显的供给低效和供需错位，消除贫困的作用未能充分发挥出来，其供应模式出现了体制改革的结构性滞后（傅才武、刘倩，2020）。针对农村公共文化服务供需失衡、公共文化服务发展不平衡、农村公共文化服务政府责任不到位等问题，杨斌（2019）以西安市为例，认为新时代西安市应通过建立"需求导向型"的农村公共文化服务供给机制、推动公共文化服务均等化、强化农村公共文化服务中的政府责任，来推动农村现代公共文化服务体系的建设。

国内学者对文化的减贫效应的研究主要是从文化扶贫的必要性和具体思路两个维度展开。

（一）文化扶贫的必要性研究

文化是一个民族发展的原动力，是促进一个国家或地区的社会经济持续发展的重要驱动力，部分学者对社会经济发展中文化减贫的必要性进行深入探讨。在我国经济发展过程中农村文化基础设施存在利用率极低、认识趋向消极，存在着基础利用条件不佳、供给不到位、宣传力度不足、规划管理不合理、知晓度和利用率低等诸多问题（完颜邓邓、胡佳豪，2019），无法很好地满足农民对高质量文化生活的需要（袁锐，2019），进而制约了文化设施的减贫作用，需要进一步采取有效措施提高其扶贫效果。鲁建彪（2011）指出民族地区经济贫困问题产生的根源是民族地区的文化贫困，需要从文化和精神层面上给予贫困地区帮助，以达到文化扶贫效果。王建民（2012）指出少数民族扶贫、减贫方略及效果与如何认识少数民族及其文化有着至关重要的联系，他研究了少数民族地区贫困的文化属性及贫困文化的遗传特性，认为在少数民族聚居区文化扶贫势在必行。此后，青觉和王伟（2017）分析了民族八省（区）贫困问题产生的原因，发现民族地区的贫困与文化有关，民族地区文化与发展之间存在张力；而民族地区的政治文化、民族文化、宗教文化和生态文化对精准扶贫也产生了一定阻碍作用。闫小斌（2017）基于批判社会理论，论证了文化扶贫的空间正义，得出文化扶贫是空间本身价值的判断，也是现阶段扶贫工作的重要补充。暨爱民（2020）从生态文明视角阐述文化扶贫的逻辑，指出文化生态之于居民、社会与所处自然生态系统的和谐共生诉求，应为扶贫理论与实践的题中应有之义，文化与生态的自觉之于扶贫开展至为重要。

（二）文化扶贫的思路研究

在现实中，公共文化服务供给时常出现"有余"与"不足"并存的现象，这一结构性"文化贫困"实际是由上下脱轨引发的，进而影响到文化扶贫效应（王杨，2019）。桂胜和赵淑红（2011）研究了"故乡人"对家乡文化扶贫的重要意义，在文化扶贫中要高度重视具有"本土"身份的"故乡人"对农村文化扶贫所能发挥的重要作用，将这一部分"故乡人"或者外出务工人员对家乡的反哺视为农村文化扶贫的路径之一。方清云（2012）则分析了贫困文化存在的合理性，提出"破立结合"思路，认为文化扶贫应该要注重如下两个方面：一是大力弘扬贫困文化中的有利于社会发展和人类幸福的文化特质；二是加强对贫困文化传承载体——子代贫困群体的文化扶贫。边晓红等（2016）认为"文化扶贫"需要充分尊重文化发展的内在规律，实现"自上而下"与"自下而上"相结合，将"文化扶贫"与"经济扶贫""教育扶贫""产业扶贫"等相结合，将文化"精准扶贫"与机制创新相结合，构建以培育贫困地区农村居民文化"自组织"能力建设为中心的文化扶贫新机制。张世定（2016）基于贫困文化理论的学术视角，提出文化扶贫工作需要从制度的建构、民众观念的改变、文化产业的开发以及教育资源的供给等方面着手。陈先哲和全俊亘（2020）借鉴并改造刘易斯的"贫困文化论"理论框架，尝试从社会文化、学校文化、家庭文化和个体文化四个维度对农村教育贫困问题进行文化学解释，认为新时代精准治理农村教育贫困问题要从两个方面着手：一方面要精准识别农村教育贫困对象和文化根源，另一方面要综合考虑文化与政策的因素，引导目标群体产生良性教育文化和生活方式，提高文化扶贫成效。

此外，部分学者对文化扶贫的实践模式和效果进行了研究。辛秋水（2010）通过分析安徽省文化扶贫试验点的推广效果，发现由当地政府主导、科研院所和社会力量参与的文化扶贫是农村精神文明建设的有效形式。王福（2016）运用关联数据方法分析内蒙古贫困地区居民对文化服务的实际需求与图书机构提供服务能力的匹配程度，构建内蒙古精准文化扶贫体系模型，研究发现运用精准文化扶贫体系模型，能够优化公共文化服务方式，有助于内蒙古的精准文化扶贫。马光华等（2016）以陕西回民后裔聚居的六盘山地区为例，研究发现要解决六盘山地区陕西回族后裔"文化致贫"，需要加强政府的引导作用，解决文化"扶志"和教育"扶智"两大关键问题，引导回族群众走出历史文化和地理空间的局限。段小虎等（2016）基于矩阵式组织结构的项目制"文化扶贫"，以项目合同制管理为手段，以智力支持为内容，以提升基层文化机构服务软实力为目标，建立文化"精准扶贫"新机制，拓展了政府购买公共文化服务的政策空间。王尧（2016）引入RHB战略，建立多维层析分析模型，构建了图书馆文化扶贫精准识别路线图，以提高农村公共图书馆在文化扶贫中的作用。冯永财（2016）提出西部地区高校图书馆服务社会的突破路径及对策建议，建立符合实际的社会化服务机制，以便高校图书馆更好地参与西部地区文化扶贫以及公共文化服务体系建设。尹莉和刘洪（2017）论述了乡村图书馆在文化扶贫中的重要实践及其对于文化扶贫的重要作用。闫小斌和高延玲（2017）研究了美国农村社会文化发展中图书馆所起的重要作用，提出应进一步发挥政府在文化信息服务中的战略性推动作用，以专业化信息服务机构为依托，激发贫困人口的创造力。左信（2017）

认为地方院校作为当地的教育科技和思想文化中心，应发挥地方高校的人力、知识和资产等优势，支持农村文化设施建设，提高农村文化设施的服务能力，积极探索地方院校支持农村地区文化扶贫的有效路径。

**五 社会保障减贫效应研究**

在减贫过程中，随着经济增长的减贫效应的下降，社会保障成为中国精准扶贫战略体系的重要支柱（杨穗、鲍传健，2018）。我国社会保障制度经过数十年发展，制度体系逐步完善，在保障基本需求、缩小收入差距、降低社会风险诸多方面发挥着重要的反贫困作用（刘玉安、徐琪新，2020）。

社会保障制度通过降低致贫风险，发挥预防和消除贫困的作用（杨穗，2018）。徐月宾等（2007）指出中国20世纪80年代中期开始的开发式扶贫，从利用农村资源、构建农村社会保障制度和改善农村基础设施出发，对缓解贫困人口生活负担、减少农村贫困发挥了重要作用。李实等（2010）基于国家统计局2008年农村贫困监测调查数据的实证研究发现，农村低保救助显著降低了调查地区的贫困水平。刘俊英（2013）利用1997—2009年中国时间序列数据实证检验基本公共服务支出的减贫效应，发现社会保障支出增长与中国贫困发生率之间存在不显著的负相关关系，无法对社会保障的减贫效应做出判断。韩华为和徐月宾（2014）基于2010年中西部五省大样本农户调查数据研究中国农村低保的反贫困效应，发现农村低保显著降低了实保样本的贫困水平，但对总样本和应保样本的减贫效果则不太理想。李丽和蔡超（2014）基于贫困脆弱性视角，研究发现不同公共产品供给的减贫效应存在较大差异，社会保障的减贫效应小于教育、医疗、基础设施等。刘小珉（2015）利用2011年西部民族地区社会经济发展问卷调查（CHES）的农村数据，研究发现以农村最低收入家庭为对象的农村最低生活保障制度的实施基本达到制度设计的初衷，在绝大多数情况下瞄准了需要救助的贫困群体，具有一定的反贫困效应，从而在一定程度上缩小了这些农村地区的收入差距；但农村最低生活保障制度在减贫中还存在诸如保障水平偏低以及所谓"人情保""腐败保"等问题，降低了社会保障制度的减贫效应。刘欣（2016）结合贵州省社会救助推进兜底扶贫的成效及制度困境，分析精准扶贫视阈下农村社会救助制度的价值取向和功能定位，提出社会救助制度在瞄准机制、功能拓展及社会参与等方面的发展和转型。左停（2016）认为以最低生活保障为核心的农村社会救助体系，在缓解贫困方面发挥了重要作用，但在新情况下有必要积极创新发展型的社会救助项目。刘苏荣（2016）通过对245户家庭的入户调查，发现人口较少民族的贫困状况比较严重，对农村社会救助有着强烈的现实需求，但又难以得到有效满足，进而提出加大中央和省级财政的转移支付力度、把绝对贫困人口全部纳入农村社会救助的保障范围以及大力发展专项社会救助等建议。

宁亚芳（2016）研究发现澜沧县农村社会救助在保障贫困者基本生活和缓解支出型贫困方面发挥了积极作用，但该县农村社会救助减贫成效也面临诸多制约，如制度自身发展不足的制约，包括经办监管能力弱、家计调查实施难、以户施保制约救助精准性、医疗救助待遇"捆绑"问题严重。朱梦冰和李实（2017）利用2013年住户调查数据对现行农村低保瞄准问题进行研究，发现若依照收入贫困标准，农村低保的瞄准率水平很低；而按照多维贫困标准，农村低保的瞄准率有所提高，但覆盖率仍然较低。公丕明和公丕宏（2017）指出社会保障兜底扶贫是一项系统工程，相关参与主体基于扶贫开发与社会保障整合联动，通过资金筹集、精准识别、保障发放与监督管理等途径保障目标人群的基本生活，降低其贫困概率。徐超和李林木（2017）利用CFPS 2012微观调查数据实证考察了我国城乡低保对家庭贫困脆弱性的影响，发现低保制度对贫困脆弱性并未产生明显的改善效果，反而有可能增加低收入家庭未来陷入贫困的可能性，为了减少贫困应尽快完善我国低保制度。陈燕凤和夏庆杰（2018）认为，新中国成立以来，中国政府除了在人力资本扶贫、基础设施建设扶贫、产业扶贫、人居环境扶贫等领域取得了巨大成就之外，还在农村社会保障扶贫（五保供养、最低生活保障、农村社会养老保险、自然灾害救助及农业保险）等方面取得了举世瞩目的成就，有效减少了农村贫困人口。杨均华和刘璨（2019）采用固定效应计量模型和回归分解方法，研究发现不同贫困标准下农村贫困发生率呈现差异化的变化趋势，其中社会保障、家庭储蓄、支农政策、通信设施和家庭教育支出对农户脱贫有全面性影响，而人力资本、耕地和林地、农业经营劳动投入、非农经营劳动投入和社会网络对农户脱贫有结构性影响。刘玉安和徐琪新（2020）认为，社会制度覆盖广度不断提升，但保障标准不高，城乡间、区域间差距明显，政策碎片化、缺乏前瞻性和主动性等问题不同程度制约着农村社保制度反贫困作用的实现。卢盛峰等（2020）基于1991—2011年中国健康与营养调查（CHNS）追踪数据，定量分析中国居民代际贫困的动态传递路径，研究发现社会保障支出和财政文教卫生支出对阻断贫困代际传递有一定积极作用，而基本建设支出则没有产生显著影响。

## 第五节  消除农村贫困政策选择研究

加大农村公共服务供给、补齐农村民生"短板"是深入推进精准扶贫和脱贫攻坚的重要着力点，是践行乡村振兴战略的本质要求（熊兴等，2019）。除考察农村公共服务供给对贫困的影响效应之外，学术界还重点探讨了如何完善农村公共服务供给，进而消除农村贫困问题，并从不同视角提出相关政策，以提升农村公共服务供给的减贫效应。

鲁建彪（2011）指出，要改变民族贫困地区贫穷落后的面貌，既要从经济上加强扶持，更需要加强智力开发，具体而言，不仅要扶物质，也要扶精神、扶智力、扶文化。邹薇和方迎风（2011）认为,"能力贫困"是政府现阶段应对关注的重点,政府应通过增加农村公共服务支出有效进行扶贫以消除贫困的脆弱性与持久性,注重对贫困人口的"能力"开发,增强他们提高收入水平、改善家庭生活质量和增强应对风险的能力。刘畅(2012)研究了农村益贫式增长问题,发现推动益贫式增长的制度设计面临转型,其中公共投资的影响正在逐步减弱,需要寻求突破;而包括社会保险、公共救助和教育人力资本在内的农村公共服务对益贫式增长有显著推动作用,亟待全面建立和完善。曾小溪和曾福生(2012)分析了基本公共服务减贫的作用机理,进而提出将基本公共服务纳入反贫困框架,不断加大财政对基本公共服务领域的倾斜力度,以基本公共服务建设考核推动政府转型,同时将基本公共服务模块纳入贫困监测。张全红和周强(2015)指出,随着我国多维贫困的城乡不平衡继续扩大,农村扶贫攻坚和公共支出的重点在于提高农村居民的生活质量,如加强自来水、排污、清洁燃料等工程建设。刘小珉(2015)认为,应适当提高中央财政对民族地区低保资金的支持力度,同时加大对农村低保制度实施过程的监督力度,将低保救助与就业援助相结合。但是,中国农村低保反贫困效应仍然存在很大的改善空间,建立精准识别机制将是改善农村低保减贫效应的重要途径(韩华为、徐月宾,2014)。青觉和王伟(2017)认为,少数民族贫困地区应立足资源优势,选择具有地方特色和相对优势的经济发展模式来打好扶贫攻坚战。王志章和郝立(2017)认为,在反贫困中,需要做好政府间减贫合作的顶层设计、争取多边力量参与扶贫、加强基础设施互联互通、实施教育扶贫以及做好合作扶贫的效果评估和退出保障机制等方面,以构建精准扶贫的长效合作机制。王瑜和汪三贵(2018)指出基本公共服务减贫这一理论概念,对于理解中国已有的减贫成就具有解释意义,与精准扶贫、精准脱贫具有内洽性,有助于全面理解现行扶贫框架的福利内涵,而要践行基本公共服务减贫理念的基础是要建立基本公共服务减贫评估体系。申祥等(2018)认为,中央实施精准扶贫战略时应当考虑加强农村贫困地区诸如道路、自来水、农田水利等公共基础设施建设，让这些边远地区的农户早日实现脱贫。

朱盛艳和李瑞琴（2019）指出，农村扶贫开发应关注使基本公共服务减贫增收效应得以最大限度发挥的制度设计与政策配套。叶兴庆和殷浩栋（2019）认为，2020年后，相对贫困群体将取代绝对贫困群体成为贫困群体的主体，减贫战略需要转变，应按中位收入比例法制定相对贫困线，统一城乡扶贫目标与治理机制，以包容性增长和多维度改善实现长期减贫；同时，需要构建缓解相对贫困的政策体系，包括实施以基本公共服务均等化为基础的防贫减贫政策、发展型低收入群体救助政策、有利于低收入群体增收的产业政策。杨均华和刘璨（2019）认为，应从回报率和贡献率视角分析农户脱贫的决定因素、路径及贡献，进而为政府制定更有效的农村反贫困策略提供可靠的实证数据，也为农户脱贫的决定因素提供量化分析工具。熊兴等（2019）实证研究发现不同农村公共产品供给对农村贫困减少均具有显著正向影响，其中，基础设施对农村减贫效果最佳，其次为环境保护、医疗卫生、基础教育和社会保障。白浩然等（2020）则从复合治理角度提出精准扶贫战略，以153个脱贫"摘帽"县作为分析样本，基于扎根方法提炼"复合治理"分析性概念诠释地方脱贫经验，研究发现中央政府建构"刚性时间约束"要件，为地方政府"复合治理"提供外在驱动力；而贫困县党委、政府调用"党政统合"形式凸显任务首位、塑造体制联动效应，它是"复合治理"的组织轴心。李松有（2020）基于结构—关系—主体的框架，将后精准扶贫时代的农村扶贫项目制运作模式归结为："村民自筹+民间协会型"管理模式、"村民自筹+经济组织+政府引导型"管理模式、"党建引领+村委会型"管理模式、"村民自筹+市场化运行型"管理模式和"社会组织+项目小组型"管理模式五种类型。对于后精准扶贫时代的扶贫思路问题，唐任伍等（2020）开展了进一步研究，认为贫困治理需要围绕"相对贫困""精神贫困"的治理重心，以"攻心"为上，克服贫困治理碎片化、重塑整体性治理，破除城乡二元结构、实施城乡一体化治理，摒弃运动式治理、建立制度性治理体系，实施正式制度和非正式制度双轮驱动。而在农村精准扶贫政策实践过程中，通过贫困治理目标、贫困治理动员机制以及扶贫项目的分类嵌入，国家在贫困治理中体现出明显的自主性，提升了农村精准扶贫政策执行的有效性（刘建，2019）。雷晓康和汪静（2020）以陕西省"社区工厂"精准扶贫模式和乡村振兴实践为例进行研究，发现若要加快实现贫困地区的乡村振兴，需要采取多种措施，即提升乡村环境韧性、经济韧性、社会韧性，提高乡村综合治理能力，塑造脱贫攻坚内生动力，激活社区公共精神，促进乡村振兴与精准扶贫的良性互动。白永秀和吴杨辰浩（2020）指出，缓解相对贫困是一项长期任务，应分阶段逐步解决，这就需要建立动态识别机制、代际阻断机制、就业提升机制、收入分配机制、兜底保障机制、联动协作机制在内的六大解决相对贫困的长效机制。

## 第六节 研究评述

综上所述，学术界从农村公共服务的供给效率、农村贫困人口的识别、农村贫困的测度、农村教育发展的减贫效应、农村医疗卫生的减贫效应、农村基础设施的减贫效应、农村文化设施的减贫效应、农村社会保障的减贫效应以及消除农村贫困的政策选择等维度探讨了农村公共服务供给减贫效应的文献，形成了较多有价值的研究成果，夯实了公共服务供给的减贫效率的理论基础，指导了相关领域的研究，对于本书深化农村公共服务供给的减贫效应的研究无疑具有非常重要的参考价值。但是，现有研究缺少对我国农村地区公共服务供给效率及其减贫效应的科学测度；同时，鲜有文献实证检验农村公共服务供给的减贫效应，也缺少探讨我国农村地区公共服务供给的减贫效应的时空演变特征以及影响我国农村公共服务供给的减贫效应的重要因素。

在参考现有研究的基础上，为了更深入探讨农村公共服务供给对农村贫困的影响效应，掌握其对农村贫困作用的具体路径，本书在归纳我国农村公共服务供给的总体特征与描述农村贫困的基本情况的基础上，采用三阶段 DEA 模型和 Malmquist 指数模型对我国农村公共服务供给效率进行综合评价，并分析农村公共服务供给效率的区域差异，归纳农村公共服务供给效率时空演变的基本特征，运用贫困发生率和农村恩格尔系数测算我国不同省份的农村贫困程度，进而采用系统广义矩估计法对我国农村公共服务供给及其不同类型农村公共服务供给的减贫效应进行实证检验，探究影响其减贫效应的重要的内外部因素，从而为我国提高农村公共服务供给效率、改善农村生产生活环境、加快推进扶贫开发工作、打赢扶贫攻坚战、全面建成小康社会提供理论依据。

# 第三章
# 我国农村公共服务供给现状研究

## 第一节 问题的提出

重农固本是安民之基、进步之策。长期以来，农村农业基础设施建设和基本公共服务在农村社会经济发展中发挥了极其重要的作用，产生了巨大的直接效应和间接效应，是推动农业农村发展的动力引擎，也是增加农村居民收入、加快精准扶贫和稳定脱贫的有效措施。随着扶贫攻坚战的持续推进以及农业市场化程度越来越高，我国农村农业发展对公共服务的依赖性也越来越大。为了促进农村社会经济的快速发展，优化农村农业发展环境，提高农村居民收入水平，减少农村贫困人口，亟须加大政府财政投入，提高农村公共服务供给的保障水平，全面提升农村教育、医疗卫生、社会保障、养老、文化体育等公共服务供给水平，改善农村地区生产生活条件，加快推进城乡基本公共服务均等化。

当前，虽然我国社会经济发展取得了巨大成就，农业现代化水平显著提高，农村居民收入水平大幅提高，但现阶段农村公共服务供给跟全面实现农村农业现代化与扶贫攻坚战的需求相比，尚存在较大差距，供给水平和供给结构还未能满足广大农村居民的美好生活要求，也无法满足稳定脱贫的需求。显而易见的是，农村公共服务供给的低效率、数量的相对不足以及供给结构的失衡成为制约农村公共产品有效供给、增加农村贫困人口收入、加快推进扶贫攻坚战的关键因素。由此可知，要切实减少农村贫困人口、打赢脱贫攻坚战，构建稳定脱贫的长效机制，需要有效提高农村公共服务供给效率，为减少农村贫困人口提供基本保障。基于此，本章利用国家和省级层面的统计数据以及微观调查数据，对我国农村地区公共服务供给的总体状况进行描述性分析，归纳现阶段我国农村公共服务供给过程中存在的典型问题，并分析产生上述问题的根源，为制定出更有针对性的提高农村公共服务供给效率、优化农村公共服务供给结构、提升减贫效应的政策建议，切实夯实稳定脱贫基础提供理论参考。

## 第二节　我国农村公共服务供给的总体特征

农村公共服务供给问题与城乡社会经济发展密切相关，关系到广大农村居民的切身利益，其有效供给是稳定农村发展的重要途径之一，也是实现农村社会和谐发展的重要保障，党和国家高度重视农村公共服务供给工作，多年来不断丰富农村公共服务供给的内容与形式。改革开放尤其是党的十九大以来，我国在始终重视"三农"问题的基础上，进一步提出了乡村振兴战略。为了加快实现这一战略，国家强农惠农力度不断加大，出台了一系列扶持措施，对于农村农业的发展投入大量人力、物力和财力等资源，切实解决与农民群众切身利益紧密相关的现实问题，从而促进了农村地区社会经济持续快速发展，农民生活水平和保障水平大幅提高，农村生态环境显著改善，农村教育、医疗卫生、基础设施、文化设施和社会保障等满足农民基本需求的不同类型公共服务的建设取得巨大成就，供给水平显著提升，供给结构持续优化，进而极大满足了农民群众的精神需求和物资需求，为打赢脱贫攻坚战、全面建成小康社会打下坚实基础。

**一　农村教育事业发展情况**

改革开放以来，国家高度重视农村教育发展，中央和地方各级政府投入大量财力和物力用于改善农村教育落后面貌，吸引鼓励有为青年支持农村教育事业，使得农村教育服务呈现了良好的供给趋势，有力推动了中国向人力资源强国和创新型大国迈进。2012—2019年，全国教育经费总投入达到26万多亿元，其中2019年全国教育经费总投入达5.018万亿元，较2018年增长8.74%；国家财政性教育经费占国内生产总值比例连续9年保持在4%以上，其中2019年国家财政性教育经费为40049亿元，比上年增长8.25%。2019年，全国城乡各级教育普及水平不断提高，全面普及九年义务教育，九年义务教育巩固率达95%以上，基本扫除青壮年文盲；其中，学前教育毛入学率为81.7%，小学学龄儿童净入学率为99.95%，初中阶段毛入学率为100%，高中阶段毛入学率为88.8%，高等教育毛入学率为48.1%，由此可知，包括农村居民在内的国民的受教育机会进一步扩大，已经超过或达到高收入国家的平均水平。

农村学校办学条件得到大幅度改善，中央和地方各级政府出台一系列措施，以加强农村学校教师队伍建设，农村教师队伍建设成效显著，教师待遇普遍提高，师资队伍发展势头良好。2017年乡村教师生活补助首次实现了集中连片地区特困县全覆盖，其中乡村学校和教师覆盖率分别为97.37%和96.41%，2018年这一指标值稳步提高；而《乡村教师支持计划（2015—2020年）》实施后，乡村教师中对该支持计划持满意态度的占比达84.9%，且愿意继续在乡村学校任教的乡村教师占比亦超过80%。同时，近年来中央和地方各级政府致力于解决进城务工农民工子女入学问题，下大力气改造农村薄弱学校，由中央财政负担向农村地区、边远地区和少数民族地区派遣高水平的特岗教师，开展教育精准扶贫，使教育机会不均等和教育资源分配不均衡的现象持续减少，农村贫困地区的教育环境和教育水平大为改善。

**二　农村医疗卫生事业发展情况**

农村医疗卫生事业发展滞后是"三农"问题的重要方面，中央政府将解决"三农"问题作为重中之重，投入大量人力、物力和财力用于促进农村医疗卫生事业发展，以期减轻农村居民医疗压力，进而加快乡村振兴。随着社会经济的持续快速发展和财政投入的增加，我国农村医疗卫生事业发展迅速，乡镇卫生院、村卫生室与乡镇医疗人员等大幅增加，医疗卫生水平显著提高，惠及更多农村贫困人口。2018年，全国3.16万个乡镇共设3.6万个乡镇卫生院，拥有床位133.4万张，卫生机构人员数139.1万人（其中卫生技术人员118.1万人），乡村医疗条件进一步优化。2018年，每千农村人口乡镇卫生院床位达1.39张，每千农村人口乡镇卫生院人员达1.45人。2018年年底，全国54.2万个行政村共设62.2万个村卫生室，村卫生室人员达144.1万人，平均每村村卫生室人员2.32人，其中执业（助理）医师38.1万人、注册护士15.3万人、乡村医生和卫生员90.7万人。2019年，全国3.02万个乡镇共设3.6万个乡镇卫生院，与2018年相比减少了349个；全国乡镇卫生院拥有床位137.0万张，增加床位3.6万张；卫生机构人员数达144.5万人，卫生技术人员数达123.2万人。2019年，每千农村人口乡镇卫生院床位达1.48张，每千农村人口乡镇卫生院人员达1.56人，较上一年度均有所增加。

2018年，伴随国家建设投入的增加，全国乡镇卫生院诊疗力量显著增加，全年诊疗人次达11.2亿人次，比上年增加0.1亿人次；入院人数3984万人，比上年减少63万人，由此可见，全国农村医疗诊断服务能力逐年提高。2018年，乡镇卫生院的医师日均担负诊疗9.3人次和住院1.6床日，病床使用率59.6%，出院者平均住院日6.4日。2019年，乡镇卫生院和社区卫生服务中心（站）门诊量达20.3亿人次，比2018年增加1.1亿人次，极大地满足了农村居民的医疗卫生服务需求，进而显著提高了农村居民的健康水平。

在农村疾病控制与预防方面也取得重大进展，血吸虫病得到有效防治，到2018年年底，全国血吸虫病流行县减少到420多个，病人总数减少了2.2万人。同时，农村医疗的筹资水平与人员参与受益程度稳步上涨，新型农村医疗合作保障范围逐步拓展，部分日间手术项目、符合条件的住院分娩费用等纳入其报销范围，极大减轻了农村居民医疗压力。此外，不同制度之间的衔接持续推进，异地就医联网结算报销工作不断加快推进，目前已基本实现省内异地就医报销，合力保障效果显著。

### 三 农村基础设施建设情况

农村基础设施建设历来是农村地区经济社会发展的基础，国家从项目、资金、技术、人才等方面加大对农村基础设施倾斜力度，从而显著改善了农村基础设施建设状况，也极大地满足了农村生产生活需求。以农村交通道路为例，到2019年年底，全国农村公路总里程达405万千米，其中村道231.31万千米，增加8.85万千米；全国新增通客车建制村9402个，其中贫困地区5843个；具备条件的建制村通客车率为99.45%、乡镇通客车率为99.64%，其中通硬化路面的建制村占全国建制村总数比重达95%；全国具备通客车条件但是未通的建制村有3008个、乡镇有115个；全国新改建农村公路超过100万千米，通车总里程超过400万千米，基本实现所有乡镇通公路和东中部地区建制村通硬化路，西部地区建制村通硬化路比例约80%的目标。

2019年，全国水利工程补短板提速提质，水利部着力抓好深度贫困地区农村饮水、防洪抗旱减灾、灌溉排水、水源开发利用、水土保持、农村水电扶贫等项目建设，全年共落实水利建设资金7260亿元，解决436万建档立卡贫困人口饮水安全问题，促进了贫困群众增产增收，改善了农村生产生活条件，有效弥补了农村饮水、水利灌溉、河湖管理、水资源管理、法规制度等方面短板，实现水利行业工作平稳起步并取得重点突破，为保障农村社会经济健康发展奠定了良好条件。2019年为促进乡村振兴，国家继续加大乡村环境整治工作，改善农村综合环境；具体而言，表现在建立健全符合农村实际、方式多样的生活垃圾收运处置体系；持续推进农村"厕所革命"，开展卫生厕所建设改造和粪污治理，普及不同水平的卫生厕所；以通村组道路、入户道路为重点，彻底解决农村通行不便、道路泥泞的问题，推进公共空间和庭院环境整治。

**四 农村文化设施建设情况**

近年来，我国制定实施了一系列措施，着力增加农村公共文化服务供给，公共文化资源配置逐步向农村地区倾斜，逐步完善覆盖城乡的公共文化设施网络，越发重视书刊、电影、戏曲进乡村，重视县乡图书馆、文化馆、综合文化站、综合文化服务中心设施等建设，优质文化产品的供给日渐丰富，受到广大农民群众的欢迎。同时，随着5G网络、大数据、移动终端等新技术手段的快速发展，农村数字文化服务建设也在加快推进，取得了突出成效，满足了农村居民生产生活中不断变化发展的实际需要。2019年，中央财政投入3.89亿元为12984个贫困地区乡镇共配送约8万场以地方戏曲为主的演出，为基层群众送上了文化大餐，极大丰富了农村居民的文化生活；全国组织开展"文化暖心"慰问特殊群体专场演出活动、"文化暖心阅读惠民"主题阅读推广活动等，持续引导各地加大对特殊群体文化权益的保障力度，让农村特殊群体感受到更多温暖；开展"2019年全国乡村春晚百县万村网络联动"活动，推进"中国民间文化艺术之乡"建设，丰富农村群众文化生活，培育乡风文明。

截至2019年年底，全国总共有2325个县（区、市）出台公共文化服务目录，494747个行政村（社区）建成综合性文化服务中心，1649个县（区、市）建成文化馆总分馆制，1711个县（区、市）建成图书馆总分馆制。2017年以来，中宣部、文化部等部委联合开展戏曲进乡村活动，采用政府购买等方式为乡村推送戏曲活动，定期为农民群众提供中高端的公共文化服务，实现了推送戏曲文化下乡活动的制度化和常态化，进而有效开展了社会主义精神文明建设，极大地改善了农民的文化生活品质，满足了农民精神文化需求，也为构建新时代农村公共文化服务体系做出了重要贡献。

**五 农村社会保障发展情况**

随着我国社会经济发展水平逐年提高，全国财政支撑能力、个人缴费能力不断增强,我国养老保险覆盖范围不断扩大,养老保险制度从城镇扩展到乡村,农村居民中享受最低生活保障人数逐年增加,逐步建立起统一的城乡居民养老保险制度,由农村社会保险、农村社会救助、农村社会福利和农村社会优抚等构成的农村社会保障制度不断完善。

2018年我国社会保险覆盖范围进一步扩大。全面实施全民参保计划,大力推进工程建设领域参加工伤保险工作,参保扩面效果明显。截至2018年年底,城乡居民养老保险参保人数为5.24亿人,合计参保人数9.42亿人,相比上年同期9.15亿人进一步扩大覆盖范围,离我国实施全民参保计划目标更近一步;基本养老、失业、工伤保险参保人数分别达到9.42亿人、1.96亿人、2.39亿人,全国全年三项基金总收入为5.6万亿元,同比增长15.28%,总支出为4.87万亿元,同比增长16.08%。社保卡持卡人数达到12.27亿人。2018年,我国农村居民最低生活保障人数为3520万人,相比于2017年下降12.98%;3456万人享受农村最低生活保障,439万人享受农村特困人员救助供养。

2019年,全口径基本医疗保险参保达135436万人,参保覆盖面稳定在95%以上;参加城乡居民基本医疗保险为102510万人,比上年减少268万人;农村建档立卡贫困人口参保率达到99.9%以上,医保扶贫综合保障政策惠及农村贫困人口近2亿人次,帮助418万因病致贫人口精准脱贫。①

由上述不同类型农村公共服务供给的数据可知,近年来我国农村公共服务的供给无论是供给数量、供给结构还是供给质量,都呈现出了良好的发展趋势,为加快实现农业农村现代化与实现乡村振兴奠定了坚实基础。然而,尽管我国农村社会经济发展取得了伟大成就,但由于长期以来城乡之间二元分割制度的存在,我国对农村公共服务供给的重视程度不够,建设资金投入相对不足,出台的扶

---

① 数据资源来自《2019年全国医疗保障事业发展统计公报》。

持政策较少，使农村与城市的公共服务供给水平存在巨大差距，农村公共服务供给难以充分满足农民生产生活需求；另外，分税制改革极大改善了中央政府的财政状况，增强了中央政府对宏观经济的调控能力，但在大幅上收地方财政收入的同时，未相应调整地方政府的支出责任，也使地方各级政府尤其是县乡级政府能够支配的财政收入大幅减少，导致其财政支出压力加大，从而面临较大财政困境。在此情况下，大部分地方政府的公共财政收入仅能维持自身正常运行，除了依靠国家转移支付建设公共服务外，没有更多财政收入用于农村公共服务供给，加之参与农村公共服务供给的社会资本较少，进而导致供给农村公共服务的资金短缺，特别是乡镇级政府更是无力承担公共服务的供给。同时，由于农村产业基础较为薄弱，相当一部分地区的农业生产仍然以初级农产品加工业和传统的农业生产为主，财政自给能力和抗风险能力较弱，基本无力负担农村公共服务供给。尤其是深度贫困地区的农村公共服务供给存在的问题更多，基础设施和基本公共服务发展滞后，道路交通、通信设施、教育培训、基本医疗、住房安全等都存在不少短板，而且在这些地区加强基础设施建设、提高公共服务供给水平的成本高、难度大，农村公共服务供给的供需缺口更大。随着农业市场化的程度越来越高，我国农村地区对公共服务的依赖性也将越来越大，农村地区公共服务供给所面临的问题将越发突出。

## 第三节　我国农村公共服务供给中存在的问题

**一　供给总量不足**

（一）农业基础设施亟待增加

农村道路、桥梁、农田水利等农村基础设施是为农村各项事业的发展及农民生活的改善提供公共服务的各种设施的总称。作为农村公共产品的重要组成部分，它涉及农村的经济、社会、文化等方方面面。自改革开放以来，我国农业基础设施建设取得了很大成就，农村发展环境显著改善，但仍然存在很多问题，广大农村地区尤其是贫困地区的基础设施建设依然相对薄弱，难以满足农民群众的生产生活需要。比如生产性基础设施支撑力脆弱，服务性基础设施执行力减弱，流通性基础设施承载力孱弱，在农村经济发展中的支撑作用有待强化。当前虽然大部分农村地区的电力设施已经实现了全覆盖，但电网改造升级任务仍然较重，还有相当一部分行政村尤其是深度贫困地区还没有覆盖有线电视和有线网络。而且我国农业生产中农村电网设备差且用电成本高、水利设施老化问题较为普遍，还存在先进农业技术和农业设施覆盖面不高、农民生产技术水平较低等，极大影响了农村生产率的提高。此外，由于社会经济发展水平较低，导致农村互联网普及情况远低于城镇，在有些农村地区，装一个宽带要等三天到一周的时间，且安装成本较高，甚至还有少数贫困山区没有条件开通网络，与当地农民的需求相比明显不足。从区域层面来看，由于投入不足，中西部落后地区的道路硬化率较低，不利于农业生产率的提高和农民务农收入的持续稳定增加，进一步拉大了东部与中西部地区在农村经济发展水平上的区域差异。

（二）生活设施供给不足

生活设施在改善农村居民生活状况中发挥着极其重要的作用，受到中央和地方各级政府的高度关注，投入了大量财力和物力来增加农村生活设施。显而易见的是，解决农村居民的饮用水安全问题是水利建设中非常重要的一项工作，也是农民群众最关心，且与农民切身利益相关的重要问题之一，是一项农村长期存在的任务。尽管近年来我国加大了对农村饮水安全工程建设的资金投入，但与广大农村居民的需求相比，农村饮水工程和生态环境治理还需要进一步加强，水资源质量堪忧，尤其是一些偏远贫困山区的饮水问题亟待解决。据2015年国家统计局的调查数据显示，我国农村饮用水质量堪忧，有82.8%的居民直接饮用地下水和没有任何保护的井水与泉水,而且大部分农村家庭没有卫生(水冲式)厕所,有接近40%的家庭没有单独的洗澡设施。到2019年年底,国家为大部分农村地区安装了自来水设施,可以直接饮用较为干净的自来水,但深度贫困地区还有相当一部分贫困人口的饮水安全问题尚未解决,饮水质量不高。

近年来,各级政府想方设法不断增加财政投入,使广大农村地区的"三堆"问题得到有效治理,生态环境极大好转,但是,生活垃圾处理的综合水平还是很低,大多为简单堆积焚烧和掩埋,甚至一部分农村地区直接露天堆放各种生活垃圾,没有经过科学有效处理,导致生活废弃物污染非常严重,影响了当地生态环境,降低了农村居民生活质量和幸福感。此外,在广大农村地区尤其是深度贫困地区,由于当地政府的财政投入较少以及农民自身收入水平过低,没有多余的收入用于生活条件的改善,使大部分农村居民的居住条件较差,卫生条件和生活设施都比较落后,进而直接影响到当地生态环境状况和农村居民的生活质量,降低了这部分居民幸福感。

(三)教育医疗和社会保障供给无法满足农民需求

随着国家对基础教育、医疗卫生、社会保障等农村公共服务供给的重视程度逐年提高,投入的资源越来越多,融资渠道和建设渠道也开始多元化,从而极大地改善了农村义务教育办学条件,乡村教师的社会地位显著提升,经济状况大为改善。其中,到2018年年末我国共有乡村教师290多万人,40岁以下的青年教师近170万人,占现有乡村教师总数的58.3%;参加城乡居民基本养老保险人数达5.126亿,覆盖率超过90%。然而,综合来看,我国农村教育状况仍不容乐观,存在如下问题:一是由于当地政府的财政收入不足,大量农村教育机构仍然面临着严重的经费短缺问题,一些偏远地区甚至连维持学校正常运转的经费都难以保障,当地教师的收入较低;二是学校教学设备投入较少,使教学设施相对落后,信息化水平较低,办学条件有待改善,其中大部分农村学校的电脑房、多媒体教室、图书馆、体育馆缺乏或不完整,部分学校校舍危房还依然存在,难以满足学生们的基本需求,影响学生综合素质的提高;三是由于办学条件差,一部分优秀教师流向城市,使农村地区师资力量匮乏,加之留守乡村教师的业务水平有待提高,使农村学校的教学质量和城市相比还有较大差距,在此条件下,教师质量的不高和教育资源的缺乏致使农村居民受教育水平普遍不高。同时,我国农村医疗机构数量有限,医疗设施也较为落后,医务人员短缺且技术水平不高,相当一部分医务人员年纪较大,使现有医疗卫生服务难以满足广大农村居民的医疗需求,且由于农民收入水平普遍不高,因而在农村地区普遍存在"看病贵""看病难""因病致贫""因病返贫"等问题,一些农村家庭受制于较低收入水平,不仅面临一场大病就倾家荡产的问题,还根本就不敢得病,得了大病也看不起;甚至一部分农村家庭因无钱看病,小病拖成大病,进而对精准脱贫产生不利影响。此外,与城市相比,农村社保基金覆盖面较窄,尤其是农村贫困人群低保救助水平过低,很多地区每月仅百元左右甚至几十元的低保救助水平不足以改善生活,还需要政府部门增加农村社保投入。

**二 供需结构失衡**

为了加快推动乡村振兴,尽管我国各级政府投入大量精力改善基础教育、医疗卫生、文化设施、基础设施、社会保障等农村公共服务供给水平,但由于历史欠账较多,相比于农村社会经济发展的需求而言,农村公共服务的供给量相对不足、供给质量较低、供给结构有待优化,而且未充分考虑贫困人口对农村公共服务的需求,也难以充分满足农村贫困地区社会经济发展的基本需求,存在一定程度的供需结构失衡,不利于农村社会经济的稳定发展。当前,我国农村公共服务供需结构失衡主要表现在两个方面:

(一)农村公共服务供给结构不合理

当前,我国农村公共服务供给结构的失衡主要表现为农业基础设施、农业科技资金投入、农村(尤其是深度贫困地区)义务教育经费投入、农村职业培训经费、农村公共医疗卫生投入、农村文化设施建设经费等不足，导致农村公共服务供给质量低下和供给数量亟待增加，难以满足广大农民群众生产生活需求。追根溯源，产生上述问题的根源主要是地方政府官员的政绩观以及面临的财政压力过大。由于我国公共服务供给主体较为单一，主要是地方政府承担供给责任，在此条件下部分地方政府官员追求自身政绩和收益的最大化，倾向于增加那些容易凸显政绩和带来更多财税收入的交通道路、桥梁、机场等经济性公共服务的供给，忽视了农村医疗卫生、基础教育、社会保障等非经济性公共服务的供给，使在供给过程中存在供给结构失衡问题。与此同时，分税制改革使地方各级政府面临较大财政支出压力，在供给农村公共服务时存在较大资金缺口，加之农民自身供给公共服务的能力不足，导致农村公共服务供给的整体数量与质量难以满足农村的需求。此外，一些地方政府"目光短浅"，为了在短暂任期内多出政绩、出好政绩，更加偏好于短期公共服务的生产与供给，而忽视了长期公共服务的生产与供给，愿意供给那些具有排他性和竞争性的准公服务等，存在偏向于引进新项目和供给硬件、软件供应较少等现象，进而导致我国农村公共服务供给结构不合理问题较为突出。

（二）农村公共服务供给相对"过剩"

现阶段我国农村公共服务供给数量较多，能够满足大部分农村居民生产生活需求，在改善农村生产效率和发展环境上做出重大贡献，但仍然存在"两重两轻"的现象：重"硬"轻"软"，重"准"轻"纯"。追根溯源，导致上述问题的原因主要有两点：一方面，地方各级政府在政治晋升激励下，在供给农村公共服务过程中忽视市场机制在资源配置中的重要作用，产生市场失灵现象，造成农村公共服务供给的不足或过度等问题，降低了供给农村公共服务的资源的配置效率。另一方面，由于地方政府存在投资扩张的主动性，为了增加投入以促进当地经济快速增长，具有超额供给农村公共服务的内在倾向，这也导致农村公共服务供给的相对过剩，主要表现为地方政府为了获得更多政绩，仅热衷于提供那些能够凸显政绩的经济性公共服务，无法精准掌握农村居民的真正需求，使对于某些农民不需要的或较少需求的公共服务供给过剩，而农民急需的医疗卫生、基础教育、社会保障、农业生产技术、就业培训等非经济性公共服务的供给则相对较少，无法满足农民生产生活需求，降低了农民生活质量。据《乡镇政府职能重塑与农村公共服务供给体系创新研究》课题组对广东、江西和安徽三省农村公共服务供给现状的调查数据显示，大部分接受调查的农民认为农村的义务教育、医疗卫生、交通道路和农贸市场等经济性公共服务很容易获得，而农业科技服务、就业培训、文化基础设施、社会治安、生态环境保护等非经济性公共服务的获得难度较高，政府供应数量较少，这也表明农村的"硬性"公共品供给"过度"，而"软性"公共品的供给"短缺"。

### 三 公共服务供给的城乡失衡

为了真正解决"三农"问题，我国历届政府都非常重视农村公共服务供给问题，长期以来中央和地方各级政府制定和实施了一系列扶持政策，投入大量人力、物力、财力和项目等资源，大幅增加了农村公共服务供给数量，力争全面提升农村公共服务供给水平，显著改善了农民发展环境，缩小城乡公共服务供给的失衡。然而，由于历史原因、城乡扶持政策的差别以及城乡之间收入水平还保持着较大差距，也导致我国城乡公共服务供给呈现出非均衡化特征，城乡差异仍较为明显，集中表现为公共服务供给在城乡间、区域间、群体间的严重不平衡。我国农村公共服务不均等主要原因在于，长时期以来我国实行非均衡的城乡公共服务供给制度，各级政府普遍偏好于城市公共服务建设，将相当一部分资源用于城市建设，虽然有力促进了城市社会经济的持续快速发展，但也使农村公共服务供给主体严重缺位，县乡一级政府的财政支出压力较大，用于"三农"发展的公共投资欠账较多。同时，公共服务的机会不均等或结果不均等也严重影响到城乡间公共服务的均等化，具体表现在教育资源配置不均衡、城乡公共医疗卫生资源分配不均衡以及城乡社会保障差距较大等，农村地区尤其是深度贫困地区农村居民并未能享受到足够的医疗卫生、基础教育和文化体育设施等公共服务，部分农民群众中还存在"看病难""看病贵"等现象。此外，在基础设施建设方面，由于地方政府存在城市建设偏好，将政府所能够支配的财政、人力等相关资源向城镇基础设施建设倾斜，促进了城镇的快速发展，而农村地区则长期靠乡镇统筹，从而进一步加剧了我国城乡之间公共服务供给水平和质量的不均衡，不利于乡村地区社会经济的持续稳定增长。

**四 农村公共服务供给效率低下**

近年来为了加快实现乡村振兴战略，我国中央和地方各级政府不断加大农村建设投入力度，将更多人力、财力和项目等资源用于建设乡村公共服务，从而加快补齐了农村人居环境和公共服务短板，有效改善了农村公共服务供给状况，夯实了农村社会经济发展基础。然而，由于农村地区社会经济发展水平仍较低，导致农村公共服务供给效率不高，且部分公共服务供给与农村地区的客观经济发展规律不符，忽视了当地农民和社会经济发展的真正需求，存在公共服务供给不足或过度供给等现象，部分地区甚至存在公共服务工程烂尾问题，直接降低了农村公共服务供给效率。具体来看，在人才投入方面，各级政府积极鼓励和扶持大学生、研究生等高层次人才到农村地区工作，促进当地社会经济发展，但综合来看一部分到农村工作的大学生等外来人才的积极性和工作效率有待提高，对农村农业农民的认同感较差，甚至有相当一部分到农村工作的大学生更多的是想以农村定向工作为跳板，尽快结束工作合同以离开基层，到城市从事更好的工作，而不是站在本村本土人的角度上思考如何发展农村经济，增加农民收入，减少农村贫困人口，从而为减少贫困做出更多贡献；在建设方面，县级尤其是乡镇一级政府由于自身财力较弱，更多的是希望从上一级政府获得财政拨款，加快道路、桥梁等基础设施建设，加快当地经济增长，以大幅提升自己的政绩和职务晋升，而较少支持农村的基础教育、医疗卫生、文化设施、职业培训、社会保障等非经济性公共服务建设，造福民生的公共投入相对较少，不利于切实提高农村公共服务供给效率，降低了农民群众的幸福指数。

### 五 农村公共服务建设渠道单一

公共物品和服务的非排他性等特征，决定了各级政府必然是农村公共服务的主要供给者，承担着农村公共服务供给的主要责任。但是，在实际供给过程中，由于部门利益上的冲突、地方政府官员政绩观的影响以及层级政府间的事权、财权上的不对等，加之农村公共服务的供给责任划分上不尽合理，地方政府并未真正尽到供给责任，进而造成了供给主体的错位，供给量的相对不足。根据公共财政理论，虽然各级政府只负责农村"纯"公共服务的供给，但对于具有较强基础性和外溢性特征的农村公共服务而言，地方各级政府作为建设资金的主要投资者，应该发挥主导作用。同时，农村公共服务供给主体的缺位还表现为"公共财政的阳光没有普照到农村"，地方各级政府的财政投入中用于农村公共服务供给的比重相对较低，进而造成供给数量不足。对此，中央和地方各级政府还应加强对下一级政府财政预算的监督管理，督促政府部门进一步增加农村公共服务供给的资金投入，而且也要积极鼓励社会组织和企业参与到农村公共服务供给中，保障农村公共服务供给的资金需求，从而有效增加农民亟须的农村公共服务。可以说，各级政府责任划分不明确、财政投入不足、供给主体单一是导致农村公共服务供给错位的重要原因。

党的十一届三中全会以来，党和政府的工作重心转移到经济建设上来，开始重视农村地区的公共服务供给工作，投入了大量人力、财力、物力等资源，农村公共服务供给机制有了很大改善，供给数量显著增加，供给结构持续优化。然而，由于计划经济体制根深蒂固，企业、社会组织等参与主体的行为仍然受到政府政策、产权政策等的束缚，难以大规模地进入农村公共服务供给领域，在供给中发挥的作用较小，各级政府仍然是单一的供给主体。显而易见，这种单一的供给渠道导致农村公共服务的组织结构与功能不完善，进而严重影响了农村公共服务的供给质量与水平，同时过于单一的供给方式也无法充分满足农民多样化的物质文化需求，难以最大限度发挥公共服务供给在农村社会经济发展中的积极作用，对此，除要继续发挥各级政府的主要作用外，还需要鼓励和引导个人、企业等非公经济主体参与到农村公共服务供给中来，以提供更多真正满足农民需要的公共服务。

## 第四节　我国农村公共服务供给存在问题的根源

当前，我国正处于传统型社会向现代型社会转型的关键时期，新型城镇化不断推进，乡村振兴战略持续实施，农村社会经济快速发展，农民收入水平和支付能力大幅提高，对医疗卫生、义务教育、基础设施、文化事业、社会保障等公共服务的需求持续增长。与此相对的是，虽然我国农村公共服务建设取得了巨大成就，但仍然难以充分满足农村社会经济发展的需求，存在供给总量不足、供求结构失衡、城乡公共服务差距较大、建设渠道单一等问题，对减贫成效的提升产生制约作用。追根溯源，造成中国农村公共服务供给质量不高、供给结构失衡等问题的原因较为复杂，有历史原因，也有现实原因。

### 一　城乡二元分割制度制约

刘易斯的二元经济发展理论认为，发展中国家经济由两类性质不同的部门构成：一是传统生产部门，主要是种植业、林业、畜牧业、水产养殖业等农业部门；二是现代工业部门，主要由若干工业部门组成的有机体，包括现代制造业、采掘业、加工业等。在改革开放前20多年，即计划经济时代，在外部发展环境较为恶劣情况下，为了加快推进工业化进程，构建完整的工业体系，夯实国民经济发展基础，我国通过工农产品价格"剪刀差"从农业经济中提取剩余价值，用于支持工业部门发展。这种通过牺牲农业以扶持工业发展的倾向必然使人力、物力、财力和项目等资源过多地流向工业部门和流向城市，在加快城市社会经济发展的同时，忽略了农村经济建设、农村公共服务的提供，导致农村公共服务供给存在巨大缺口，无法满足农村社会经济发展的需求，降低农村居民的幸福感和存在感，进而造成巨大的城乡社会经济发展差距。进入21世纪以后，随着社会经济的快速发展以及城市建设达到了较高水平，加之中央和地方各级政府对"三农"问题越发重视，我国城乡二元结构的内涵发生了本质转变，国家不再从农民手中收取农业税和农业税附加等税费，反而通过"以工促农、以城带乡、城乡协调发展"等方式向农村地区转移资源，夯实农村社会经济发展基础，显著提高了农民收入水平，极大推动了农村社会经济发展。然而，由于城乡二元结构仍将长期存在，那些由历史等原因形成的城乡公共服务供给的不均衡情况短期内难以真正消除，城乡二元结构仍将对农村公共服务供给数量的增加和供给质量的提高产生一定程度的制约作用。

**二 农村公共服务供给投入不足**

政府财政投入是增加公共服务供给的重要保障。由于我国县乡级政府普遍面临较大财政压力，无力承担起农村公共服务供给的责任，因此，农村公共服务的供给更需要市级及以上级别政府为其提供充足的财政投入。1994年我国建立起以分税制为基础的分级财政管理体制，极大地改善了中央政府的财政状况，显著增强了中央政府对宏观经济的调控能力，但在财权上收的同时，没有相应地调整地方政府承担的事权，导致地方政府的财权与事权失衡，地方政府特别是县乡一级地方政府的财政支出压力加大，导致农村公共服务建设领域的财政投入严重不足，无法承担起应由中央、省一级政府承担的公共服务供给责任，如义务教育、基础设施、医疗卫生、社会治安、生态环境保护、文化事业发展、社会保障制度建设等，使更多的农村公共服务供给责任只能由农民自己承担，这又进一步加重了农民的负担，也使得农村公共服务供给的缺口难以消除。近年来，尽管中央政府更加重视区域均衡发展和城乡一体化，将更多资源投入到落后地区的社会经济发展，对中西部欠发达地区的转移支付力度也在加大，有力促进了这些落后地区社会经济的快速发展，缩小了公共服务的城乡差距，弥补了农村公共服务供给短板，但由于之前建设资金投入相对较少，相比于我国农村地区公共服务供给的资金需求而言，仍然存在较大缺口，这也导致了农村公共服务供给的不足，历史欠账较多，对农村贫困的减缓作用有待加强。

### 三　农村公共服务供给主体缺位

在中国特色社会主义制度体系内，我国地方各级政府对当地经济活动具有很强的干预能力，掌握了辖区人力、物力、财力等稀缺资源的配置权，在社会经济发展中发挥着极其重要的作用，理应承担起农村公共服务供给的主体责任。但是，在政治晋升和财政最大化的双重激励下，为了最大化自身利益，以在政绩考核、职位晋升中处于有利地位，地方各级政府官员的自利性特征凸显，在配置资源过程中产生了较为明显的城市建设偏好与经济性公共服务供给偏好，将更多资源投入到能够促进经济快速增长和带来更多财税收入的经济性公共服务的供给中，如投资建设高速公路、高速铁路、桥梁、机场等基础设施，以促进辖区社会经济的快速增长，从而获得更多政绩与晋升机会，实现个人利益的最大化。而对于农村地区社会经济发展急需的基础教育、医疗卫生、农田水利设施、社会保障等基本公共服务的供给，重视程度不够，投入的资源相对不足，进而导致农村公共服务供给的数量短缺、质量有待提高，供需结构失衡。众所周知，公共服务建设需要大量的资金投入，且建设这种类型产品的回报相对较低，使社会组织、企业等市场经济主体建设农村公共服务的积极性不高，加之地方政府也未制定出行之有效的优惠政策鼓励个人、企业、社团等市场经济主体参与进来，导致农村公共服务的供给主体单一，因此，地方政府作为农村公共服务的供给主体，在农村公共服务供给过程中理应承担主要责任，提供足够的财力和物力用于供给农村公共服务。但在实际供给过程中，随着农村社会经济的持续发展，面对广大农村居民日益增加的公共服务需求和精准扶贫的需要，地方政府投入的资源尚未能满足这种需求，存在供给主体缺位现象，导致农村公共服务有效供给的不足。

**四　农村公共服务供给机制有待健全**

由于历史原因，我国农村公共服务供给仍旧延续着"自上而下"的决策机制，由中央和地方各级政府承担着供给农村公共服务的主体责任，在具体供给过程中，这种供给决策机制所涉及公共服务的供给决策是由上级政府做出并层层下达到基层组织的，即农村公共服务供给范围、数量多少，都是由各级政府决定，供给决策效率较高。虽然这种决策机制有助于加快农村公共服务的建设速度，但这种决策机制本身也存在不少问题，会使农村公共服务的供给质量低下、供需结构不优等，主要存在如下两个典型问题：一是在农村公共服务供给决策体系中缺少利益表达机制，农民无法充分表达其真实想法与意愿，造成了农民在公共决策中的参与度不高，导致农村公共服务供需错配。二是在农村公共服务决策过程中，各级政府与农民的沟通渠道不畅通，未能真正掌握农村地区尤其是贫困地区农民的需求，导致农民对农村公共服务的真实偏好无法进入当地政府的决策机制中，这也使农村公共服务的供给与需求发生脱节以及供给结构失调，进而制约了我国农村公共服务有效供给的增加。

# 第五节　本章小结

深入系统分析我国农村公共服务供给状况与农村贫困的基本情况是采取针对性措施，增加农村公共服务有效供给、优化农村社会经济发展环境、提升农村公共服务供给的减贫效应的重要举措。本部分利用国家贫困人口统计数据以及农村公共服务供给的统计数据，首先对我国农村公共服务供给的总体特征进行描述分析，并得出我国农村公共服务供给中存在的供给总量不足、供需结构失衡、公共服务供给的城乡失衡、供给渠道单一等典型问题进行系统阐述，并深入剖析了产生这些问题的根源主要有城乡二元分割制度制约、农村公共服务供给投入不足、农村公共服务供给主体缺位和农村公共服务供给机制有待健全等，有助于更全面了解农村公共服务供给状况。

当前，我国扶贫开发工作进入攻坚拔寨的冲刺阶段，加大财政投入和帮扶力度，认真执行贫困地区脱贫攻坚实施方案，聚焦深度贫困地区特别是"三区三州"的脱贫工作，是打赢脱贫攻坚战、全面建成小康社会、逐步实现共同富裕的重大举措。本部分研究我国农村公共服务供给和贫困的现状，有助于各级政府全面掌握我国农村公共服务供给的基本状况，进而有针对性地提供农村居民需要的不同类型的农村公共服务，制定提升农村公共服务供给的减贫效应的对策建议，从而进一步夯实扶贫开发基础，为打赢脱贫攻坚战注入了内生动力，加快推进精准扶贫和稳定脱贫工作，确保现行标准下农村贫困人口如期实现脱贫、贫困县全部摘帽、解决区域性整体贫困。

# 第四章

# 我国农村贫困现状研究

## 第一节 问题的提出

为了加快推进乡村振兴、如期全面建成小康社会，以习近平同志为核心的党中央把脱贫攻坚作为全面建成小康社会的底线目标和标志性指标，摆到治国理政的重要位置，出台了一系列政策文件和实施方案，以前所未有的力度推进脱贫攻坚，各地区、各部门认真贯彻落实中央的决策部署，聚力精准施策，充分挖掘地方特色，不断加大扶贫开发人力和资金的投入力度及治理力度，大力实施产业扶贫、易地扶贫搬迁、就业扶贫、劳务输出扶贫、交通扶贫、水利扶贫、教育扶贫、健康扶贫、社会救助扶贫、兜底保障等扶贫措施，同时深入推进村社扶贫、旅游扶贫、电商扶贫、金融扶贫等新型扶贫模式，减贫成效较为明显，大量农村贫困人口摆脱了贫困，农村社会经济保持快速发展步伐，表明我国扶贫开发工作取得历史性成就，走出了一条极具中国特色的扶贫开发道路。

改革开放以来特别是党的十八大以来，经过各地区各部门的共同努力，我国逐步完善脱贫攻坚制度体系，农民收入水平稳步提高，有力促进了农民致富增收，大批农村贫困人口实现了脱贫，贫困县和贫困村数量大幅减少，区域脱贫稳步推进，全国及各省

（区、市）的农村贫困发生率持续下降，贫困地区农村居民收入水平保持较快增长步伐，为世界的减贫工作做出了巨大贡献。然而，在取得历史性成就的同时，我国脱贫攻坚仍然面临不少困难和挑战，存在减贫进度放缓、深度贫困问题突出、剩余贫困人口脱贫难度大、产业扶贫效应有待提升、贫困识别标准尚需完善、扶贫资源配置效率较低等亟待解决的问题。对此，在未来扶贫工作中，要全面掌握农村贫困的基本情况，制定行之有效的政策措施以确保如期打赢脱贫攻坚战。

## 第二节　我国农村地区贫困现状

2011年我国将贫困标准调整为农民年人均纯收入2300元（2010年不变价）后，全国贫困人口一下扩大为1.4亿，其中，农村贫困人口构成了我国贫困人口的主体，占贫困人口的绝大部分。据统计，当年总共有1.2亿多的贫困人口集中在农村地区。虽然近年来在我国各级政府及人民群众的共同努力下，扶贫开发工作取得了举世瞩目的伟大成就，农村贫困人口数量大幅减少，共有7亿多农村贫困人口摆脱贫困，贫困发生率不断下降，贫困县和贫困村的数量大幅减少，区域扶贫亦取得较大成就。截至2019年年末，我国农村还有551多万贫困人口，比上年减少1109万人，贫困发生率仅为0.6%，比上年年末下降1.41个百分点，我国也进入全球贫困发生率最低国家的行列。然而，尽管我国脱贫工作取得了巨大成就，农村贫困人口的规模大幅缩小，但分区域来看，中部和西部地区的贫困人口规模仍远高于东部地区，一些中西部地区的省（区、市）的农村贫困人口规模依然较大，而且剩下的贫困人口多分布于深度贫困地区，贫困程度较高，减贫成本更高，脱贫难度更大，且存在较高的返贫风险。需要注意的是，在中西部地区的农村贫困人口中，有一半以上都集中分布在西部欠发达地区，这也导致经济欠发达的西部地区精准扶贫和稳定脱贫压力巨大。

2017年，我国各地区、各部门以前所未有的力度推进脱贫攻坚工作，精准扶贫、稳定脱贫工作取得了可喜成就，贫困人口大幅减少，贫困发生率持续下降，但由于中西部地区贫困人口基数较大，所以剩余贫困人口规模仍较大，精准扶贫任务较重。到2017年年末，在我国东部、中部和西部地区三大区域中，虽然东部、中部、西部地区农村贫困人口全面减少，但西部地区农村贫困人口最多，高达1634万人，占全国贫困人口的比重达53.6%，贫困发生率最高，为5.6%；其次是中部地区，其农村贫困人口为1112万人，而东部地区农村贫困人口则最少，仅为300万人，贫困发生率最低。

2018年，尽管东部、中部和西部地区的脱贫攻坚工作成效显著，农村贫困人口全面减少，贫困发生率大幅下降。其中，东部地区农村贫困人口为147万人，中部地区农村贫困人口为597万人，西部地区农村贫困人口为916万人，三大区域贫困人口比上年分别减少153万人、515万人、718万人，但西部地区贫困人口总量和贫困发生率仍远高于东部和中部地区，中西部地区农村贫困人口占全国农村贫困人口的91.14%。由此可见，虽然全国扶贫开发成效显著，但中西部地区社会经济发展水平较低，其贫困人口规模远大于东部地区，扶贫工作仍然任重道远。从减贫人口规模看，尽管陕西、甘肃等西部12省（区、市）扶贫开发成效显著，农村贫困人口数量下降很快，但由于西部地区贫困人口较多，扶贫任务最重，导致西部地区的贫困发生率还是远高于同期东部地区及全国平均水平，且西部地区医疗卫生和社会保障供给水平较低，贫困人口的深度贫困的发生率较大，因灾返贫和因病返贫等现象时有发生，返贫率仍较高，需要更多资源用于西部地区扶贫工作。

2019年，为了在2020年解决区域性整体贫困，如期实现农村贫困人口全部脱真贫、真脱贫，国家对不同区域精准扶贫力度持续加大，推出了一系列惠民措施，加大中央财政专项扶贫资金支持深度贫困地区发展的力度，农村贫困人口收入水平大幅提高，贫困地区生产生活条件明显改善，区域脱贫成效显著，全国三大区域贫困人口显著减少，各省贫困发生率普遍降至2.2%以下，尤其是中西部地区脱贫效果更为明显。到2019年年末，从农村贫困人口规模以及减贫成效来看，东部地区农村贫困人口仅为47万人（见图4-1），比上年减少100万人；中部地区农村贫困人口为181万人，比上年减少416万人；西部地区农村贫困人口达323万人，比上年减少593万人，减贫成效最大。

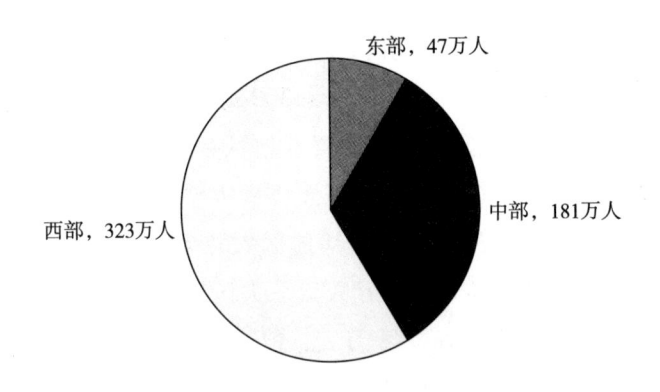

图4-1 2019年年末不同区域农村贫困人口数

分省来看，在中央政府和地方各级政府的全力推动下，扶贫工作中的财政投入显著增加，精准扶贫、稳定脱贫工作加速推进，各个省（区、市）的农村贫困发生率持续下降，贫困人口也大幅减少。2017年各省农村贫困发生率普遍下降至10%以下，其中，农村贫困发生率降至3%及以下的省份有17个。到2018年年末，各省农村贫困发生率普遍降低至6%以下，其中，农村贫困发生率降至3%及以下的省份有23个，相比于2017年增加了6个省份，具体包括北京、天津、河北、内蒙古、辽宁、吉林、黑龙江、上海、江苏、浙江、安徽、福建、江西、山东、河南、湖北、湖南、广东、海南、重庆、四川、青海、宁夏23个省（区、市）。需要注意的是，到2018年年末，虽然河南、湖南、海南、四川、青海和宁夏6

省区成功地将贫困发生率降低到3%以下,但高于3%的地区还有8个。从贫困人口数量来看,2018年年末,贵州、云南、河南、广西和甘肃5省(区)的贫困人口仍在百万以上(见表4-1),这些省份的扶贫压力依然较大。到2019年年末,全国扶贫攻坚战稳步推进,扶贫成效更为显著,各省(区、市)贫困发生率均降至2.2%及以下,其中2018年贫困发生率高于3%的省份均成功将其值降到2%以下。其中,有7个省份的贫困发生率在1.0%—2.2%,包括广西、贵州、云南、西藏、甘肃、青海和新疆;有7个省份的贫困发生率在0.5%—1.0%,包括山西、吉林、河南、湖南、四川、陕西和宁夏;同时各省(区、市)的贫困人口大幅减少,均低于100万人。

表4-1　2017—2019年我国贫困人口较高省(区)情况

| 地区 | 2017年 贫困人口(万人) | 2017年 贫困发生率(%) | 2018年 贫困人口(万人) | 2018年 贫困发生率(%) | 2019年 贫困人口(万人) | 2019年 贫困发生率(%) |
| --- | --- | --- | --- | --- | --- | --- |
| 全国 | 3046.00 | 3.10 | 1660.00 | 1.70 | 551.00 | 0.20 |
| 贵州 | 280.32 | 7.75 | 132.32 | 4.30 | 8.32 | 0.85 |
| 云南 | 279.00 | 5.80 | 128.00 | 5.39 | 10.60 | 1.32 |
| 河南 | 277.00 | 3.40 | 104.30 | 1.21 | 35.60 | 0.41 |
| 广西 | 267.00 | 5.70 | 152.00 | 3.09 | 125.00 | 0.60 |
| 湖南 | 200.00 | 3.86 | 69.00 | 1.50 | 6.00 | 0.24 |
| 甘肃 | 188.60 | 9.70 | 111.00 | 5.60 | 17.50 | 0.90 |
| 四川 | 171.00 | 2.70 | 67.00 | 1.10 | 13.20 | 0.68 |
| 陕西 | 169.00 | 6.30 | 64.50 | 3.20 | 6.62 | 0.75 |
| 安徽 | 120.20 | 2.20 | 47.60 | 0.93 | 7.20 | 0.16 |
| 河北 | 120.20 | 1.86 | 55.20 | 0.78 | 22.45 | 0.58 |

资料来源:国家统计局和各省(区)统计局网站。

## 第三节　我国精准扶贫中存在的主要问题

近年来，我国从中央到地方各级政府投入大量资源全力推进扶贫工作，取得了举世瞩目的成就，农村贫困人口规模尤其是深度贫困地区的贫困人口规模大幅缩小，贫困县和贫困村数量显著减少，区域性贫困问题基本解决，贫困发生率持续下降。然而，随着精准扶贫、稳定脱贫工作的不断深入，我国扶贫开发进入脱贫攻坚阶段，剩余贫困人口的扶贫和脱贫难度在加大，农村的脱贫速度在放缓。与此同时，在精准扶贫深入推进过程中，绝对贫困人口逐步减少，而相对贫困人群的脱贫难度则较大，而且还有一部分已脱贫人口因身体衰老、疾病、小孩入学等各种原因返贫致贫，进而降低了精准扶贫的成效。具体来看，我国精准扶贫实施中主要存在如下问题。

### 一　深度贫困问题依然突出

虽然我国扶贫开发工作取得了举世瞩目的成就，城乡贫困人口大幅减少，贫困县和贫困村明显减少，贫困发生率显著下降，为全世界减贫工作做出巨大贡献，创造了人类减贫史上的奇迹，但截至2019年年底，全国仍有570个国家贫困县没有摘帽，主要分布在云南、西藏、贵州等中西部地区，全国贫困人口仍有551万人，解决相对贫困的长效机制尚未完全建立；其中有23个地市州贫困人口超过20万，5个地市州贫困人口超过30万，特别是西藏、四省藏区、南疆四地州和四川凉山州、云南怒江州、甘肃临夏州等"三区三州"由于地处偏远地区，农村公共服务建设滞后，尤其是交通基础设施仍有较大短板，对精准扶贫产生了较大制约作用；加之农村地区仍有大量建档立卡贫困人口，贫困发生率为2%，稳定脱贫任务较其他地区更重。到2019年年末，各省（区、市）确定的深度贫困县的整体贫困发生率仍在1%以上，有1万余个村的贫困发生率超过3%，比全国贫困发生率高出几倍，扶贫任务较重。

## 二 产业扶贫效应有待提升

产业发展是社会经济发展的重要支撑，也是我国精准扶贫和稳定脱贫的内生动力和治本之策，是持续稳定增加我国农村地区贫困人口收入、推动贫困人口摆脱贫穷的根本路径，也是构建精准扶贫和稳定脱贫的长效机制的关键举措。没有产业发展尤其是当地特色产业发展的支撑，贫困地区难以脱贫以及脱贫后的发展也难以为继，更容易产生返贫现象，以至于无法真正构建精准扶贫的长效机制。当前，我国产业扶贫对象多集中在中西部欠发达地区或深度贫困地区的乡村，这些地方大多数经济基础薄弱、生态环境脆弱，属于生态涵养区，对生态环境保护的要求较高，不适宜搞高耗能、高排放、污染偏重的传统工业项目，可选择的扶贫产业大多是以农业或以农业为基础的农产品加工、休闲农业与乡村旅游等特色优势产业，与传统工业项目相比，这些产业由于进入门槛低、技术含量不高、环境监管缺失等，在各地产业扶贫政策的刺激下，极易产生供过于求问题，甚至部分农村地区的特色产业未经过严谨论证而匆忙上马，往往导致产业扶贫效应提升较慢，减贫作用有待提高。

同时，地理位置的好坏也会影响到产业扶贫成效。由于贫困地区多处于自然资源贫瘠的山区或石漠化地区等区域，农村经济基础薄弱，财政收入规模较小，单纯依靠农民的自身能力，难以培育壮大扶贫主导产业。总体来看，多数贫困地区的扶贫产业仍处于"提篮叫卖"阶段，产业带头人较少，生产规模较小，辐射效应较弱，既没有龙头企业"顶天立地"，又缺乏小微企业"铺天盖地"，市场销售渠道较为单一，难以真正培育打造出在当地乃至全国范围内有较大影响力的优质品牌，导致产业扶贫项目普遍面临低端农产品过剩、知名品牌较少、高端农产品市场开拓困难等不利局面，未能产生持久显著的减贫成效。此外，在贫困地区进行产业扶贫、培育壮大具有较强溢出效应的特色优势产业还面临道路、桥梁等基础设施建设滞后、扶贫经济主体的带动力较弱、贫困人口主动性不强、人力资源和发展资金短缺、产业扶贫方式不当、发展后劲不足等问题的制约，产业减贫成效有待提升，进而将对当地产业特别是特色产业的持续健康发展产生不利影响，也会影响到精准扶贫政策的实施效果。

### 三 贫困识别标准尚需完善

贫困对象的精确识别是提高扶贫资源配置效率、提升精准扶贫和稳定脱贫效果的重要前提条件。目前，我国贫困主体的识别主要依据以家庭收入为核心的贫困线标准，按照家庭人均年纯收入水平确定是否属于贫困人口，进而在甄别出贫困人口后再制定稳定脱贫的相关政策措施。虽然用收入水平来识别贫困简便快捷，但在具体识别过程中也存在不少问题。一是由于我国缺乏完善的家庭财产审核评估制度，绝大部分农村家庭的真实收入状况难以准确及时测度，也没有相关机构对农村家庭的收入进行评估，致使农村贫困人口的"漏扶""错扶"等现象经常出现，造成大量财力、物力等扶贫稀缺资源的错配，进而削弱了扶贫成效。二是由于贫困是一个综合性指标，在扶贫过程中若仅仅使用家庭收入水平来度量农村地区的贫困程度，评价指标单一，往往会导致那些在身体健康、医疗卫生、教育程度、文化等非收入维度处于贫困状态的居民被排除在贫困人群之外，得不到及时的救助，将使一部分本该接受扶贫的群体未能享受到减贫脱贫政策，进而严重影响到精准扶贫的效果。为此，我国部分地区为了更全面精准识别农村贫困人口，准确识别农村贫困人口陷入贫困状态的主要原因，在扶贫过程中采取了多种贫困人口识别方法，如"一看房，二看粮，三看劳动力强不强，四看家中有没有读书郎"和农村居民参与投票评选的贫困识别方式。与单纯按照家庭收入水平识别农村贫困人口相比，上述方法虽然较为标准全面、可操作性强，但也存在一定问题，如在识别过程中当地村民参与投票评选时具有较强的主观性，且难以真正控制这种主观性，容易产生部分农民依靠人情关系被评为贫困户的不公现象，从而降低了扶贫资金的使用效率，导致"该扶的人未扶，不该扶的人却扶"问题，不利于提升减贫效果。

## 四 扶贫资源配置效率较低

扶贫开发是个综合复杂的工程，我国在扶贫开发过程中，参与主体除国务院扶贫办外，中共中央组织部、财政部、教育部、科技部、工业和信息化部、水利部、民政部、文化和旅游部等相关部门也制定了扶贫措施，投入了大量扶贫资源，分别开展了定点扶贫工作，产生了较为明显的减贫效果，但由于各部门间缺乏有效的沟通、协作，使人力、物力和财力等扶贫资源在地区、部门分配上失衡，在扶贫过程中产生了一部分地区获得的扶贫资源过度集中，另一部分地区的扶贫资源又极度匮乏，从而降低了扶贫资源的减贫效应。同时，由于扶贫资源的监督管理制度有待健全，使各部门对扶贫资源的使用缺乏有效的监督管理，其减贫效果亟待提升。其中一些地区在制定帮扶措施时，与农村贫困户的对接不够，将扶贫资源直接发放到贫困人口手中，并没有真正依据贫困户的具体特点及实际需求设计相应扶贫项目，也未采取相应措施，进而造成扶贫资源的无谓浪费；甚至在贫困地区个别农民"以贫为荣"，通过谎报贫困数据等手段套取国家扶贫资金和项目，造成国家扶贫资源的极大浪费。此外，由于扶贫资金的监管尚存在漏洞，一些地区拦截克扣、挪用占用扶贫资金，使扶贫资金最终被用于贫困户及扶贫项目上的数量大幅减少，造成扶贫资源的流失，未能真正惠及贫困人口，进而严重影响了扶贫资源的使用效率，降低了扶贫效果。除上述违规使用扶贫资金等问题外，由于扶贫过程中问责机制存在缺位，使部分地方政府官员为了少承担责任，在扶贫工作中不作为、少作为、懒政等，也不愿意主动作为，投入精力不足，对扶贫资源的利用程度不高，存在部分扶贫资金的闲置，从而极大地影响了当地的精准扶贫进程。

## 五 扶贫考核机制有待健全

扶贫绩效考核是规范约束地方政府官员扶贫行为、提高精准扶贫效果的重要保障。在扶贫过程中，我国对各地精准扶贫效果的考核依据主要在于各贫困县的扶贫工作总结和贫困村的扶贫干部上报的年终数据等相关材料,并以高校、科研院所等第三方机构提供的监测数据为参考,进行综合考核评价。上述考核方式虽然直接明了,可以根据结果对政府官员进行排名,但在考核过程中对地方各级政府官员的政绩考核过于注重结果、轻工作推进落实过程,会促使扶贫干部在精准扶贫过程中产生短期行为,只追求当前利益、忽视扶贫长效机制的构建,其中有些地区的扶贫干部甚至会仅安排实施一些短期内就能看到明显扶贫效果的"面子工程"、"形象工程"、扶贫项目等,导致部分地区的减贫效果不明显,也影响了稳定脱贫成效。

此外,在扶贫过程中由于缺乏专门针对驻村扶贫干部的有效考核激励问责机制,贫困村的第一书记等驻村干部在帮扶过程中投入精力不多,部分乡村的"挂名式""应付式""走读式"等现象较为严重,一部分驻村干部对当地扶贫工作投入精力不够,只在汇报扶贫情况时露下脸、做一下准备工作等,平时未能按时到岗,也未能做到扎根基层用心扶贫,使精准扶贫效果难以提高;还有一部分驻村干部办事不走心,参与扶贫工作只是为了增加职务晋升机会,投入的精力严重不足,且设计的扶贫项目偏重于短期回报,不利于提高脱贫成效;甚至还有少数驻村干部不仅不做实事,还敷衍了事,甚至不当决策,给当地精准扶贫造成一定负担。此外,我国扶贫监测体系尚需进一步完善,监测内容不全面、监测力度不够、监测不及时、监测主体缺位等问题时有发生,使扶贫监测未达到应有效果,进而对精准扶贫和稳定脱贫产生了不利影响。

## 第四节 本章小结

改革开放 40 多年来,中国持续地实施减贫措施,中央和地方各级政府相继出台了一系列优惠政策,投入大量人力、物力、财力等资源用于精准扶贫工作,农村地区收入水平稳步提高,贫困人口规模大幅缩小,贫困县和贫困村数量明显减少,进而推动了农村贫困人口不断朝着共同富裕目标迈进,为实现乡村振兴、全面建成小康社会奠定了坚实基础。从 1978 年到 2019 年,农村贫困人口从 7.6951 亿减少到 0.0551 亿人,累计减少了 7.64 亿,贫困发生率则从 97.5% 降为 0.6%,累计下降了 96.9 个百分点,创造了人类减贫历史的中国奇迹。在这一过程中,尽管中国经济实力稳居世界第二位,综合国力和国际影响力显著提升,但作为一个人口大国,仍有大量农村贫困人口亟待精准扶贫和稳定脱贫,减贫任务依然艰巨,进而制约着乡村振兴战略的稳步推进。为了制定实施更有针对性、效率更高的扶贫措施,需要全面掌握我国农村贫困的基本情况。基于此,本节基于中国贫困人口的宏观统计数据和微观调查数据,对我国农村贫困的基本情况进行了描述分析,进而归纳得出我国现阶段扶贫开发工作中存在深度贫困问题依然突出、产业扶贫效应有待提升、扶贫资源配置效率较低、扶贫绩效考核机制不健全等典型问题,从而初步掌握了我国农村贫困及其治理的总体情况,对农村贫困情况有了初步认识,为出台新时代针对性更强的精准扶贫措施、构建稳定脱贫的长效机制提供现实参考。

# 第五章

# 我国农村公共服务供给减贫效应理论研究

## 第一节 问题的提出

党的十八大以来，以习近平同志为核心的党中央把扶贫开发摆到治国理政的重要位置，纳入"五位一体"总体布局和"四个全面"战略布局进行决策部署，加大农村基础设施、基本公共服务、产业发展等领域的财政、人力、项目等资源的投入，农村贫困地区的生产生活条件明显改善，发展后劲显著增强，贫困人口收入水平稳步提高，扶贫开发工作取得巨大成就。2019年，按照现行标准下的贫困人口从2012年的9899万人降到551万人，七年累计减少贫困人口9348万人；贫困发生率从2012年的10.2%降低为2019年的0.6%，比2018年下降1.1个百分点，累计下降9.6个百分点，降幅非常明显。当前，我国扶贫开发进入了脱贫攻坚的关键时期，而农村公共服务的供需矛盾成为抑制贫困群体增收致富的重要原因。与非贫困地区相比，贫困地区的教育发展、医疗卫生、农业技术支持、基础设施、文化事业及其设施等公共服务在量和质上都存在不足，无法满足当地贫困人口的生产生活需求，使提升贫困地区

# 第五章 我国农村公共服务供给减贫效应理论研究

的自我发展能力的难度加大,将不利于这些地区社会经济发展与贫困人口增加收入,也会对缩小城乡之间社会经济发展差距产生负面影响。可以说,尽管我国精准扶贫取得巨大进展,但贫困地区尤其是深度贫困地区的脱贫与巩固脱贫攻坚成果仍然面临较重任务,剩余贫困人口脱贫难度较大,因此,增加农村公共服务的供给数量和提高农村公共服务的供给质量对于提升深度贫困地区减贫成效具有重要作用。很显然,农村公共服务供给数量的增加和质量的提高能够通过提高农业生产效率、增强贫困人口的内生发展能力和降低贫困脆弱性等渠道对精准扶贫和稳定脱贫产生极大促进作用。基于此,本部分将从微观和宏观两个层面分别分析农村教育、医疗卫生、基础设施、文化事业和社会保障制度等不同类型农村公共服务供给对农村减贫的影响过程和作用机理,掌握农村公共服务供给影响贫困的具体路径,对于充分发挥农村公共服务供给在精准扶贫中的基础性作用,提升贫困人口脱贫的内生动力,构建稳定脱贫的长效机制具有重要的参考价值。

## 第二节 教育发展减贫的作用机理

### 一 教育发展减贫的重要性

扶贫必扶智,治贫先治愚。高质量教育是提高贫困地区受教育水平、阻断贫困代际传递的重要途径和提升贫困群众造血能力的重要抓手,能够显著增强贫困人口的收入获取能力,进而产生教育减贫作用。我国贫困地区尤其是深度贫困地区,贫困问题的产生除了受自然地理等因素的影响之外,更深层次的原因则是当地教育水平的长期低下,使一部分农民获取知识和较高层次技能的能力较弱。因此,在精准扶贫过程中,"智"和"志"是内力和内因,只有真正认识到农村地区贫困人口脱贫的这种内力、内因,并想方设法提高当地贫困人口的教育水平,提高该群体的职业技能,切实强化贫困人口获得更多收入的综合能力,才能培育农村地区尤其是深度贫困地区脱贫致富的可持续的内生动力,进而有效阻断贫困的代际传递。

## 二 教育发展减贫的作用机理

农户教育水平的提高对贫困地区农业劳动生产率的提高有着非常显著的影响(李伟,2001)。要提高贫困地区农业和其他相关产业的劳动生产率和增强这些贫困地区稳定脱贫的内生动力,就要切实提高贫困地区的人力资本水平。除制定优惠政策吸引外来人才外,还可以通过加强职业培训来培养更多熟悉并能驾驭当地经济发展的本土优秀人才。很显然,农村学前教育、义务教育、中等教育和职业教育等教育事业发展能够大幅提高农村居民的受教育水平,加快农村地区人力资本积累,提升农业生产的技术水平和管理效率,进而带来农村地区劳动生产率的提高与农业产量的增加。随着农村教育经费投入的不断增加,农村教育事业获得较快发展,贫困地区农民才有条件接受更好的教育,从而能够学习掌握更多的知识和技能,这也有助于提高农村地区的人力资本水平,增强农民自身在城市劳动力市场上的竞争力。近年来,随着国家对农村地区教育事业的越发关注,地方各级政府投入了大量建设资金,用心改善农村教师的社会地位与提高其待遇,使得农村居民接受的教育程度逐年提高,越来越多农民拥有了较强的学习能力和适应能力,其中一部分农民子女通过求学改变了自身命运,跳出农村进入城市工作生活,成功转化成为城市居民,彻底摆脱了贫穷落后的面貌;而另一部分农民在劳动力市场上的就业机会和选择也越多,进而增加了这一部分外出务工农民的工资性收入,助推农村贫困人口脱贫,对农村贫困减缓产生一定程度的促进作用。同时,农村职业教育的发展能够为贫困地区的剩余劳动力资源寻找到一个新的出口,为农村地区的产业发展培养更多"留得住、用得上、靠得住"的专业技术人才,夯实农村产业扶贫基础。

农业技能培训对促进农业生产技术水平的提高具有显著的正向

作用。在农业生产过程中，各级政府和村集体增加农村职业投入培训投入，让更多农民参与到技能培训中，大力推广先进的农业科学技术和先进的生产方式，进而能够有效地提高农业生产效率和增加农业产出，促进农村经济快速发展，从而为这些接受培训的农民带来更多收入，也能够带动更多农民发家致富，实现稳定脱贫。同时，对贫困地区尤其是深度贫困地区的农村劳动力进行各种职业技能培训，推广普及农业生产技能，有助于培养更多农业生产能手和致富带头人，加快实现由农业从业人员向非农从业人员的转变，助推农业现代化进程，进而显著增加贫困地区收入水平和拓展收入来源，减少农村贫困。

教育投入与受教育者的整体认知能力紧密相关。增加农村地区教育事业的投入有利于提高农村劳动力的整体认知能力和认知水平，拓宽农村地区贫困人口的视野，从而有利于解放贫困人口思想，逐渐改变农村居民保守的思想观念，增强农民自身脱贫致富的主观能动性和内在动力，进一步拓宽农民脱贫致富的渠道。改革开放以来，虽然我国农村经济保持了较快增幅，但由于农村相对闭塞，一部分农民的思想观念比较保守，小农经济思想仍然存在，尤其是部分农村贫困人口"等、靠、要"思想严重，脱贫主动性较弱，不利于精准扶贫工作的开展，减贫难度较大。对此，更要加大农村各种类型教育经费投入力度，尤其是对脱贫主动性不强的农村贫困人口的教育经费投入，有助于解放贫困地区人民群众的思想，转换发展观念，提高其融入精准扶贫工作中的主动性，从而提高减贫工作的效率，为稳定脱贫提供坚定支撑。

## 第三节 医疗卫生减贫的作用机理

### 一 医疗卫生减贫的重要性

贫困人口的身体健康程度是其能否获得稳定收入与稳定脱贫的

基础。一定程度上而言，提高贫困人口的健康水平可以降低其患病的概率，增加贫困人口的劳动供给，促进农村人力资本积累，提高劳动生产效率，增加贫困人口的务工和务农收入，从而有效降低可行性贫困的发生。在精准扶贫过程中，健康与教育所体现的人力资本是影响贫困人口收入水平的重要因素，对农村减贫具有显著作用，但从收入差距缩小视角看，健康对农村减贫的作用可能比教育更为显著（程名望等，2014），这也表明完善农村医疗卫生服务体系对于稳定脱贫具有重要的保障作用，可以说，农村基本医疗服务水平的提高是如期实现脱贫攻坚目标的关键。由此可知，要想彻底消除贫困必须要投入更多资源提高贫困人口的身体健康程度。阿玛蒂亚·森（2012）也提出贫困是对人类基本可行能力的绝对剥夺。确保农村贫困人口享受到基本医疗卫生服务，使农村居民尤其是农村贫困人口看得起病，保持身体健康，才能有效地避免农村贫困人口"因病致贫，因病返贫"，进而有效提高这一群体的可行性能力和自我发展能力，保障其基本发展权利，增强其收入获取能力，有助于加快实现稳定脱贫。

## 二 医疗卫生减贫的作用机理

医疗卫生能够影响贫困人口的健康状况进而作用于其获取收入的能力，一般而言医疗卫生支出规模越大，医疗卫生服务供给越多，则惠及人口越多，减贫效果相应越大。在具体扶贫过程中，地方各级政府加大农村地区尤其是深度贫困地区的公共医疗卫生支出，完善农村公共医疗卫生服务体系，增加农村医疗卫生服务供给数量，扩大其覆盖面，加强医疗救助、临时救助、慈善救助等帮扶力度，消除"因病致贫""看病贵""看病难"等现象，并将农村贫困人口全部纳入国家重特大疾病救助范围，有助于提升贫困地区的医疗卫生服务能力，减轻农村贫困人口的就医治病负担，能够有效改善贫困地区的人居环境和农村贫困人口的健康状况，进而提高贫困人口的可行性能力，这对于增加农村贫困地区的民生福祉、加快脱贫攻坚进程有着重要的推动作用。因此，要想使农民摆脱贫困的束缚，投资于贫困人口的营养和健康具有至关重要的作用（张车伟，2003）。同时，增加农村地区特别是深度贫困地区的医疗卫生支出，完善医疗设施、提高医疗服务水平，建立健全社会医疗保险及救助体系，不仅能够使农村地区的贫困人口享受到尽可能多的高质量的医疗资源，减少疾病对贫困人口脱贫的不利影响，进而增加农村贫困地区的健康产出，缩小地区之间、城乡之间健康产出的差距（魏众、古斯塔夫森，2005），才能从根本上促进贫困地区农业劳动生产率的提高，增加贫困人口收入，缓解农村贫困状况。

## 第四节 基础设施减贫的作用机理

### 一 基础设施减贫的重要性

农村基础设施建设包括乡村道路、桥梁、农田水利建设、农村电力和农村能源、农业产业和农村市场、农村电网改造和安全饮水工程等，这些农村基础设施的改善通过投资的乘数效应和加速数效应，对促进贫困地区的社会经济发展具有基础性作用。近年来，我国将大量的干部、人力、财力等资源优先投入到农村基础设施建设中，并在具体建设过程中坚持发展优先规划、项目优先布局、措施优先整合、政策优先落实，逐步建立全域覆盖、普惠共享、城乡一体的基础设施服务网络，从而显著改善了农村基础设施的供给水平，促进了城乡基础设施互联互通，加快实现城乡融合发展，加速农村社会经济发展。

虽然我国农村基础设施建设取得巨大成就，在农村社会经济发展中发挥极其重要的作用，是农村贫困人口减贫脱贫的重要驱动力，但离实现农业农村现代化的总目标还有相当大的差距。在我国农村基础设施建设过程中，存在供给数量不足、质量不高、管护不力等突出问题；同时，还需要投入更多资源着力解决农田水利"最后一公里"、饮水安全、污水处理、物流通畅、网络信号等问题，上述这些问题的解决能为农村贫困人口创造更好的生产生活环境，优化发展环境，进而使农村贫困人口拥有更多获得感和幸福感。此外，农村基础设施建设能够促进农村产业发展、信息交流等，进而对农村产业升级有着巨大推动作用，有助于增加农民收入，减少贫困人口。

## 二　基础设施减贫的作用机理

### （一）宏观层面减贫效应

从宏观层面看，基础设施建设具有经济增长的溢出性，主要通过促进当地与基础设施能够延伸到的地区的经济增长，进而通过收入分配效应作用于农村贫困（见图5-1）。众所周知，要素配置效率在经济发展中扮演着不可或缺的角色，而基础设施状况的改善则是要素流动和合理配置的前提。具体来看，基础设施的改善通过降低商品运输和生产要素流动的成本，增强劳动力、商品、自然资源等要素的流动性，提高要素的配置效率、经济运行流畅性和劳动生产率，降低各种不利因素对社会经济发展的负面作用，进而促进经济增长，提高整个社会的收入水平；同时，基础设施的改善尤其是对外连接通道的畅通，也能够为农村贫困人口提供更多的就业机会和外出务工的机会，鼓励其外出就业，有助于增加贫困人口的务工收入，降低当地的贫困发生率。此外，经济发展与财政收入紧密相关，经济发展水平的提高能够增加当地政府的财税收入，提升其财政支付能力，使地方各级政府将更多财税收入用于扶贫开发工作，既能促进当地社会经济的快速发展，又能切实增加对农村贫困人口的转移支付，直接提高其收入水平，夯实其稳定脱贫的内生动力，从而加速贫困人口脱贫。

### （二）微观层面减贫效应

基础设施建设除了从宏观层面产生减贫效应之外，还能从微观层面通过不同渠道对农村贫困产生积极作用。从微观层面看，农村基础设施是农业发展的命脉，直接影响农业产出与农民收入。农村基础设施的建设对减缓贫困的作用存在多种渠道，本节主要从道路、

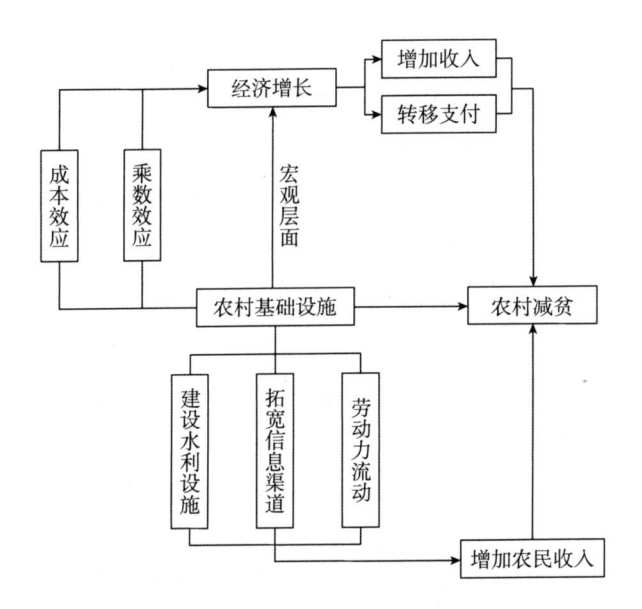

图 5–1　农村基础设施减贫的作用机制

通信设施、农田水利设施等方面分析不同类型基础设施减缓农村贫困的作用机理。

1. 道路建设减贫的作用机理

道路、桥梁等交通类基础设施的建设和完善有助于缩小农村与城市之间的空间距离，加速农村劳动力等要素的外向流动，能够加快农村剩余劳动力从农业向非农产业、从农村向城市地区的转移，进而为农村居民拓展就业空间，提供更多从事非农产业的机会，从而有助于提高农村贫困人口的收入水平，提升农村基础设施的减贫效果。同时，农村道路、桥梁等交通基础设施的建设和完善能够显著提高商品和要素流动性，降低各种商品和要素的运输成本，加快这些商品和要素的向外运输速度，从而提高农村劳动生产效率和经济运行效率；而农业生产效率的提高也可以进一步促进农村地区的经济增长，增加当地农民的收入，从而达到减贫的目的。此外，我国相当一部分农村地区尤其是深度贫困地区贫困的根源就在于交通不畅的制约。由于对外交通不便，农产品生产出来相对容易，但对外销售则成为一个大问题，很多农产品甚至只能烂在田间地头；而基础设施的建设和完善能够为农产品的运输和交易创造更为便捷的条件，有助于加速农村贫困地区生产出来的农产品的销售和交易，拓宽了这些地区生产的商品的交易市场，从而为农民带来更多的务农收入和经营性收入，减少农村贫困人口，助推精准扶贫和稳定脱贫工作。

2. 通信设施减贫的作用机理

通信设施建设能够有效改善农村居民的信息获取能力，拓宽沟通渠道，加强与外界的沟通联络，进而获取更多有用的求职信息和商品交易信息等，提升其收入获取能力。在日常生活中，固定电话、移动手机、有线电视、互联网宽带等通信类基础设施的建设和完善极大拓宽了农村居民获取信息的渠道，提高了农村居民获取信息的能力和水平，像岗位招聘、商品交易市场价格和销售行情等农村居民急需的相关信息，减少了信息不对称，有效缩小了农村贫困人口与外界的距离，有助于贫困地区农民到周边城市或其他区域城市找到更高收入的就业机会以及拓宽发家致富的门路，增强其收入获取、发家致富的能力，从而增加农村贫困人口的收入，加快推进减贫脱贫工作。

3. 农田水利设施减贫的作用机理

农田水利设施是我国社会经济发展基础性设施，其建设更是我国农村基础设施建设的重要内容，是农业持续健康发展的基础性工程，我国自古以来高度重视农田水利设施建设。农业发展离不开农田水利设施，可以说农田水利基础设施是农村社会经济发展的基础，也是美化农村生态环境、蓄水泄洪、解决民生问题、维护社会稳定发展等的根本保证。近年来，国家在财政、人力、物力、技术、项目等方面，加大了对农田水利设施建设的投入力度，尤其是加强农村贫困地区的重大水利工程、节水灌溉等项目建设以及小型农田水利等农田水利设施的建设，有助于改善贫困地区的农业生产条件，筑牢农业生产基础，降低农业生产成本，增加农作物的产量，提高农业持续生产能力和农业效益，从而增强农业资源持续使用能力和农村贫困人口抵御自然风险的综合能力，为农村贫困地区农业生产、农业经济和农村社会的可持续发展奠定了坚实的物质基础，进而切实提高减贫成效，助推乡村振兴战略。

## 第五节 文化设施减贫的作用机理

### 一 文化设施减贫的重要性

文化是最公平的扶贫公共品，承担着为农村贫困地区人民群众启迪心灵、振奋精神、鼓舞斗志、培养文化自信、摒弃阻碍自身发展的传统观念的重要作用。很显然，文化在扶贫中的作用和意义是基础性的、可持续性的，文化减贫具有投资少、见效快、产业带动性强的优势，成为提升贫困人口可持续脱贫能力、打赢脱贫攻坚战、全面建成小康社会的重要方式和助推器。

在我国脱贫攻坚战中，文化扶贫并不是就文化抓文化，而是把当地文化、教育、科学普及等与满足农村居民求知、求智、求富的要求和发展当地社会经济紧密结合起来，深度挖掘当地特有文化资源，提高文化资源价值，开发特色文化产品，搞活当地经济，从而使文化与农村经济发展更好地协调同步。由此可知，农村文化扶贫是扶贫工作的重要组成部分，是丰富农村贫困人口文化生活的重要补充，也是提高农村居民劳动生产效率的重要因素，也是影响广大贫困地区扶贫效果的关键。很显然，发挥文化及文化设施在减贫脱贫中的功能和作用是我国扶贫开发事业的一条基本经验。

### 二 文化设施减贫的作用机理

文化扶贫是新时代扶贫工作的重要内容，是脱贫攻坚的重要抓手。传统的扶贫模式主要是精准识别贫困人口，从人力、物力、项目等层面进行扶持，以期达到贫困人口减贫和脱贫的目的，扶贫效果较为直接。与之相对的是，文化和文化设施扶贫是指通过"万村书库""农家书屋""送戏进村""报刊下乡""通信村村通"等专项扶贫项目,拓宽贫困人口信息获取渠道,从文化和精神层面上给予贫困地区和贫困人口相关帮助,从而提高贫困人口的文化素质,转变贫困人口落后的思想观念,增强贫困人口的自我发展能力,助其尽快摆脱贫困。总体而言,贫困地区要改变贫穷落后的面貌,既要从经济上加强扶持,更需要扶精神、扶智力、扶文化,增强贫困人口脱贫的内生动力。

具体而言,增加文化事业投入,发展贫困地区农家书屋、农村电影放映、地方剧表演戏台等文化及文化设施,主要通过改善农村贫困人口的综合素质、优化人力资源禀赋以及提升文化设施的经济效应,进而减少农村贫困人口,达到减贫脱贫的目的。文化及文化设施减贫主要有两个作用渠道:一是文化设施建设有助于推动当地群众形成提升人文素养的现代观念,实现农村地区的贫困人口思想观念的转变、文化素质的提高,拓宽视野,形成适应经济社会发展的正确价值观,摒弃不良生活习惯和落后思想观念,排除不利于农村社会经济发展的文化因素,从而激发贫困地区和贫困群众脱贫致富的内在活力,提高其整体素质与自我发展能力,从而增加贫困人口收入,达到以文化减少贫困、以文化根除贫困的目标。二是建设农家书屋、体育锻炼设施、文化长廊等农村文化设施,帮助农村贫困地区的基层干部和贫困人口解放思想,增强自主学习能力、思维能力和技术能力,促进贫困群体的人力资源禀赋提升,从而打破脱贫的知识要素瓶颈和短板,以提高扶贫干部和贫困群体的思想文化素质和科学技术水平,转变其消极落后的传统文化观念,进而有助于培养并提升他们的收入获取能力和推动当地经济社会发展的基础能力,最终实现物质脱贫与精神脱贫的协同互进。此外,考虑到特色文化产业的发展对减贫也具有重要促进作用,可以通过贫困地区文化资源的挖掘和文化产业的开发,生产出更多具有当地特色的文化产品,将地方特色文化与经济发展有机结合,在传承发扬贫困地区历史文化的同时,加大当地文化资源的开发力度,有助于培育壮大具有地方特色的文化产业，进一步优化当地产业结构，拉动贫困地区的经济增长，提升文化扶贫效应。

## 第六节　社会保障减贫的作用机理

### 一　社会保障减贫的重要性

我国面向农村地区的社会保障制度主要有农村最低生活保障制度（以下简称"农村低保"）、农村地区新型农村养老保险（以下简称"新农保"）、农村地区新型农村合作医疗（以下简称"新农合"）、农村医疗救助制度、农村"五保"供养制度、自然灾害生活救助制度等制度。社会保障既被列为反贫困的重要目标，也被列为反贫困的主要路径，在中国农村减贫发展进程中的嵌入程度逐渐加深（左停等，2018），发挥的作用也越来越大。由于农村贫困人口的收入水平较低，无法购买得起足够的社会保险，大部分农村贫困人口缺乏基本的社会安全保障，防范各种风险的能力较弱，无法及时防范和化解风险。一般而言，当社会风险造成的损失超过消费者的承受范围时，就容易让这部分人群转化为贫困人口，尤其是农村居民更容易陷入贫困。由此可知，在贫困地区为贫困人口建立起完善的社会保障制度，尤其是为农村贫困人口建立起最基本的社会保障制度，以减轻农村贫困人口的养老负担、医疗负担、生活负担等，降低农村居民陷入贫困的概率，进而能为农村贫困人口稳定脱贫发挥"安全网""稳定阀""调节器"等作用，这也是降低社会风险和贫困发生率的重要条件。

### 二　社会保障减贫的作用机理

农村社会保障可以从宏观和微观两个层面对农村贫困产生作用：在宏观层面上，农村社会保障制度可以通过提升疾病和自然灾害抵抗能力、增加现金与服务给付、增收减支、降低不确定风险、增加社会包容、收入再分配等路径减少绝对贫困和相对贫困。在微观层面上，农村社会保障制度能够通过各种疾病的治疗预防、风险预警、灾害预防、灾害减缓、灾害救助等环节直接或间接地服务于贫困人口。具体而言，农村社会保障减贫的渠道主要有：

（一）平衡收入差距，促进社会公平

农村社会保障制度聚焦于农村地区的弱势群体以及贫困人口等，在发挥作用的过程中，主要通过优化资源配置的途径减少贫困。具体而言，农村社会保障制度可以通过正式制度的形式调节优化财政、土地、人力、项目等农村社会资源的配置，提高上述扶贫资源的利用效率，更好地发挥各种资源在减贫中的积极作用，助力农村贫困人口的减少。同时，通过中央和地方各级政府的转移支付，健全农村社会保障制度，扩大农村社会保障的覆盖面，以将更多农村贫困人口纳入保障范围，从而能够有效增加农村贫困人口的绝对收入，发挥国民收入的再分配功能，缩小在市场配置资源过程中产生的收入差距，降低城乡之间的相对贫困程度，加快实现社会公平正义目标。

（二）积累人力资本，提升福利水平

社会福利制度包括社会津贴、职业福利、社区服务等内容，是我国社会保障制度的重要组成部分，包含了面向老年人、残疾人、孤儿和孕妇等社会弱势群体的多个福利项目，通过修建社会福利院、敬老院、疗养院、儿童福利院等福利形式集中供养符合条件的特殊人群，从而能够直接减轻受众的社会负担，在满足社会弱势群体的物质需求、精神慰藉和提高其幸福指数等方面发挥着重要作用。就一定程度而言，社会福利制度是对保险制度、救助制度的有力补充，更加强调社会保障服务的提供。通过为农村贫困人口提供社会津贴、社会补助等福利，有助于提高贫困人口的精神满足感、社会包容度、主观幸福感、生活权益以及自我发展能力等。在社会福利制度扶贫工作中，高龄老人津贴、残疾人护理津贴、生育津贴、免疫津贴等均是农村社会福利政策的具体形式，修建社会福利院、敬老院等对农村孤寡老人、儿童、残疾人等特殊人群集中供养，为其提供基本生活保障，降低上述群体的生活负担；此外，还有些地方探索出了让有劳动能力的贫困者有偿照护贫困老人等做法，更是同时对扶贫模式和社会福利政策的创新，从而有力保障了农村贫困人口的可持续发展能力，有利于贫困地区的人力资本积累，提升贫困群体的福利水平，使其逐步摆脱贫困。

(三) 化解各种风险，维护社会稳定

为了维护农村贫困人口的基本权益，还需要采取针对性措施降低并化解其生产生活过程中面临的各种风险。与其他社会风险的分散方式相比，在农村地区建立健全以生育保险、失业保险、工伤保险、医疗保险、养老保险等组成的社会保险制度在分散社会不确定性风险方面具有重要优势。考虑到我国农村地区社会经济发展的基本特征，与其他社会保障制度相比，农村社会保险制度具有准入门槛低、参保基数更大、风险应对能力更强、保值增值能力更高等特点，覆盖面更广，可以惠及绝大部分农村贫困人口，受到广大农民群众的青睐。同时，农村社会保险制度在缴纳一定时期的保费后，能够给参保人带来稳定的收入，缓解其生活负担，有助于农村贫困人口减贫。此外，农村社会保险制度也能够为农村地区那些失去劳动能力、暂时失去劳动岗位或由于健康问题造成损失的贫困人口提供收入或是经济补偿，减少其经济损失，有助于实现农村劳动力的再生产和社会稳定，缓解农村贫困。

(四) 巩固脱贫成果，助力稳定脱贫

社会救助是反贫困的最后一道防线，也是我国农村社会保障体系的重要组成部分。在我国农村已实施的社会保障制度的各个组成部分中，以最低生活保障制度为核心的社会救助制度是制度化程度最高、实施范围最广、作用最为直接、农民更为接受的反贫困政策，在我国减贫过程中发挥了最直接的反贫困兜底作用，对于保障贫困人口和遭受意外者的基本生活发挥着至关重要的作用。我国的社会救助制度主要由国家和地方各级政府按照法定标准向符合救助标准的居民提供满足其最低生活需求的资金和实物，是一项托底线、救急难和保民生的基础性制度安排。我国农村社会救助制度由国家制定和负责实施，在具体实施过程中，农村社会救助制度通过建立起坚固的兜底政策措施，对贫困人口尤其是深度贫困人口发挥救助和兜底作用，在减少支出型贫困、满足农村贫困人口的发展性需求上发挥着极其重要的作用，成为防止农村已脱贫人口返贫、持续推进稳定脱贫工作的关键手段。

## 第七节 本章小结

精准扶贫需要充分发挥农村公共服务供给的积极作用。通过增加农村公共服务的供给数量，优化其供给结构，能够切实改善农村生产生活环境，提高贫困人口的综合素质，进而显著提升其减贫效应。当前，增加农村公共服务供给数量、提升农村公共服务供给质量及优化农村公共服务供给结构成为精准扶贫和稳定脱贫的重要举措，在减少农村贫困中发挥着极其关键的作用。在我国扶贫工作进入脱贫攻坚阶段后，农村贫困人口大幅减少，但剩余农村贫困人口的脱贫难度则大幅提高，所需要投入更多人力、物力、财力等扶贫资源，且要优化扶贫资源的配置。在此背景下，提高农村公共服务的供给质量和优化供给结构等做法有助于改善农村地区的生产生活条件、提高农村贫困人口的自我发展能力，进而激发贫困人口脱贫的内生动力，有助于增加贫困人口的收入，促进更多贫困人口脱贫，在精准扶贫和稳定脱贫中发挥着关键作用。

基于此，为了更深入了解农村公共服务供给对贫困的影响，也为后续实证研究奠定坚实的理论基础，本部分将农村公共服务分为教育发展、医疗卫生、基础设施、文化设施和社会保障制度五种不同类型，从宏观和微观等不同层面系统分析上述不同类型的农村公共服务供给对农村贫困的作用机理，认真梳理这五种不同类型农村公共服务供给对农村贫困的影响路径，夯实本书的理论基础，有助

# 第五章
## 我国农村公共服务供给减贫效应理论研究

于更深入地理解农村公共服务供给对贫困的内在影响机理。在此基础上,本书将进一步构建综合评价指标体系对农村公共服务供给效率进行科学测度,选用合适指标评价农村贫困程度,进而为实证检验农村公共服务供给对农村贫困的影响效应奠定理论基础,也为制定更有针对性地改善我国农村公共服务供给、提升农村公共服务供给的减贫效应提供理论借鉴。

# 第六章 我国农村公共服务供给效率评价研究

## 第一节 问题的提出

众所周知,农村公共服务供给在农村社会经济发展中发挥着极其关键的作用,不仅仅是推进农业现代化进程的物质基础,也是我国农村地区的贫困人口稳定脱贫的重要保障,更是实现我国公共服务均等化目标的前提条件。改善我国农村公共服务供给状况、优化农村发展环境,是党和国家中长期发展战略目标之一,也是我国各级政府推进城乡发展一体化建设的工作重点。近年来,我国中央和地方各级政府高度重视农村公共服务的供给,在着力推动城市建设的同时,出台了一系列扶持措施,将人力、财力、物力和项目等资源用于增加农村公共服务供给。2018年9月27日,中共中央、国务院印发实施《乡村振兴战略规划(2018—2022年)》,提出要加强农村基础设施建设、优先发展教育事业、推进文化卫生事业、加强农村社会保障体系建设、提升养老服务等措施,以切实增加农村公共服务供给数量,提高农村公共服务供给质量,优化其供给结构,以改善农村发展环境,为农村贫困人口发家致富、摆脱贫困创

# 第六章
## 我国农村公共服务供给效率评价研究

造更好的条件。2019年，中央一号文件强调要扎实推进乡村建设，加快补齐农村人居环境和公共服务"短板"。

改革开放以来，伴随城乡一体化进程的加速，我国投入大量人力、物力等稀缺资源用于改善民生，大幅度增加农村公共服务供给的投入，加快农村公共服务体系的建设，极大地优化了农村生产生活环境，一定程度上满足了农村地区社会经济发展的需求，进而促进了农村社会经济的持续稳定发展，显著提高了农民收入水平，产生了较为明显的减贫效应。然而，虽然我国农村社会经济发展水平与城市的差距逐步缩小，但由于长期以来城乡二元分割体制的制约以及大量制度欠账的长期积累，尽管我国经济建设取得了巨大成就，但偏向城市的资源配置造成城市的市政公用设施、居住建筑、产业等快速发展，使城市成为经济发展的受益者，工业化和城镇化加速推进，而农村地区的社会经济发展则相对缓慢，以至于社会经济发展的城乡差距仍然较大，农村仍然存在大量贫困人口需要脱贫。从公共服务供给水平来看，与城市相比，我国农村地区公共服务的供给水平和质量仍然存在着明显差距，尤其是教育、医疗卫生、文化事业等领域的差距尤为明显，在农村公共服务建设的资源分配和利用上依然存在一些深层次的问题。

随着扶贫开发工作从消除绝对贫困进入到深度贫困脱贫的攻坚阶段，从解决绝对贫困时的生存问题转变到减缓相对贫困、提高生活质量和持续增收的问题上来。可以说，加快统筹城乡公共服务供给，切实解决农村公共产品的短缺问题，优化供给结构，进而有效提升贫困地区脱贫的内生动力和自我发展能力，已成为我国扶贫开发工作进入脱贫攻坚期后，统筹城乡一体化发展、加快推进精准扶贫和稳定脱贫工作、提升脱贫攻坚成效的重大课题。很显然，在精准扶贫过程中，地方各级政府必须高度重视农村公共服务供给问题，将农村公共服务的有效合理均衡供给以及增强农村公共服务供给能力作为各项政府工作的重中之重，认真研究我国农村公共服务供给基本情况，采用科学方法综合评价我国农村公共服务的供给效率，并将大量稀缺扶贫资源精准用于贫困地区的农村公共服务供给，为解决我国农村公共服务供给中存在的典型问题，进而提高农村公共服务的供给水平和质量奠定坚实基础。

## 第二节 评价方法、指标体系与样本选择

### 一 评价方法介绍

农村公共服务是由地方政府负责供给，但由于其涵盖范围广、投入层次多、建设费用高、供给主体单一，涉及多个部门的共同决策，所以在供给过程中还要考虑当地社会经济发展的基本情况和农民自身的需求，因此，农村公共服务供给的产出也包括农村社会经济发展、生态建设等多方面，这也意味着农村公共服务是一项多投入多产出的综合产品，因而在其供给效率评价上具有较大难度，需要构建综合评价指标体系。为了更为客观科学评价我国农村公共服务供给效率，在参考现有研究成果的基础上，结合本书的研究需要以及收集的数据情况，本章将采用三阶段 DEA 模型对我国农村公共服务供给效率进行静态评价分析，初步掌握全国农村公共服务供给的总体效率；同时，为了更为全面描述我国农村公共服务供给效率，本章还将采用 Malmquist 指数模型对我国 30 个省份 2011—2016 年的农村公共服务供给效率进行评价，以比较上述省份农村公共服务供给效率的动态变化趋势，并将上述两种方法所得到的评价结果进行横向比较分析，以全面考察我国农村公共服务供给效率的静态和动态变化情况，归纳其时空演变特征，从而能够更加客观地评估我国农村公共服务供给的水平和效率，以期为中央和地方各级政府提高农村公共服务供给效率、提升农村公共服务供给的减贫效应提供理论参考。

#### （一）DEA 模型简介

数据包络分析法（Data Envelopment Analysis，DEA）是管理科

学、统计学、运筹学、数理经济学等学科交叉研究的一个新领域，最早是由美国著名的运筹学家、得克萨斯大学教授 A. Charnes、W. W. Cooper 和 E. Rhodes 于 1978 年在相对效率评价法的基础上，在规模报酬固定情况下从投入产出的角度提出的一种系统评价分析方法。具体而言，数据包络分析方法是评价具有相同的多个输入和多个输出的"生产部门"同时为"规模有效"和"技术有效"的分析方法。他们使用这一方法评价相同部门间和各个决策单元运行的相对效率，该研究领域构建的第一个数学模型被命名为 CCR 模型，也简称 $C^2R$ 模型。$C^2R$ 模型是数据包络分析法中最基本的模型，能够对决策单元运行的相对效率进行横向比较分析，并提出改进决策单元运行效率的方向，是评价决策单元运行效率的一种十分有用且有效的方法。

由于数据包络分析法评价决策单元效率简单直接，评价结果易于比较，自诞生以来，便被学者广泛运用于统计学、经济学、社会学等多个学科领域，甚至医学领域也有用这种方法进行效率评价的。在使用过程中，根据多项投入指标和多项产出指标的数据，采用线性规划法，对具有可比性的相同性质部门（或同类型决策单元），如医院、学校、银行、超市、大型企业等组织的相对有效性进行评价和比较，也可以衡量多种方案所计算得到的综合效率。在具体评价过程中，若决策单元相对应的点位于生产前沿面上，则可以判断决策单元为有效率的；反之，则为无效率的。同时，数据包络分析法也可以对决策单元出台的某些政策或制度的运行绩效进行评价。

（二）三阶段 DEA 模型

自 A. Charnes、W. W. Cooper 和 E. Rhodes 首次构建 $C^2R$ 模型之后，各个学科的学者从不同层面对 DEA 模型进行改进，分别提出了一阶段 DEA 模型、两阶段 DEA 模型和三阶段 DEA 模型，其中，传统的 DEA 模型主要包括一阶段 DEA 模型和两阶段 DEA 模型。一阶段 DEA 模型能够有效评价决策单元的运行效率，但忽略了内外部环境因素对运行效率值的影响,导致评估结果存在一定的偏差,有可能高估决策单元的效率值。与一阶段 DEA 模型相比,两阶段 DEA 模型假设所有待测样本均处于同一前沿面,这一假设虽有助于获得更有效的评价结果,但与事实存在不符。与此相对的是,三阶段 DEA 模型可以有效克服上述问题,该模型在决策单元效率的评价过程中能够有效消除内外部环境因素以及随机误差项对运行效率的影响,进而能够提高评价结果的有效性,本节将重点介绍三阶段 DEA 模型的基本原理。在具体评估过程中,三阶段 DEA 模型依次递进的三个阶段如下:

第一阶段:基于原始投入产出变量,使用 DEA 模型中的 BCC 模型对决策单元的效率进行评价。

本部分运用在规模报酬可变假定基础上得到的 BCC 模型进行初始效率评价,由此得到的技术效率(TE)可以表示为纯技术效率(Pure Technical Efficiency,PTE)与规模效率(Scale Efficiency,SE)的乘积,即 TE = PTE × SE,其中,规模效率是指通过对决策单元投入规模的扩大或缩小来实现其产出的增减,即在管理和技术条件一定的情况下缩小实际供给规模与最优规模的差距,使得实际供给规模逐步接近最优;而纯技术效率反映的是在决策单元运行中的管理和技术等方面的生产效率;同时,若决策单元的技术效率与规模效率同时等于 1,则可定义为 DEA 有效。BCC 模型的具体形式为:

$$\min_{\theta, \lambda} \theta - \varepsilon \ (e^t s^- + e^t s^+)$$

$$\text{s. t.} \begin{cases} \sum_{i=1}^{n} \lambda_i y_{ir} - s^+ = y_{0r} \\ \sum_{i=1}^{n} \lambda_i x_{ij} + s^- = \theta x_{0j} \\ \sum_{i=1}^{n} \lambda_i = 1, \lambda_i > 0, s^+ > 0, s^- > 0 \end{cases} \quad (6-1)$$

其中,$i = 1, 2, \cdots, n$;$j = 1, 2, \cdots, m$;$r = 1, 2, \cdots, s$。$n$ 为决策单元个数,$m$ 和 $s$ 分别表示所有决策单元在内的整个系统的投入

和产出变量的个数。$x_{ij}$（$j=1, 2, \cdots, m$）表示第 $i$ 个决策单元的第 $j$ 个投入变量，$y_{ij}$（$j=1, 2, \cdots, s$）表示第 $i$ 个决策单元的 $N\times 1$ 产出变量。由式（6-1）可以得到：

若 $\theta=1$，$s^+=s^-=0$，则表示决策单元是 DEA 有效率的；

若 $\theta=1$，且 $s^+\neq s^-$，或 $s\neq 0$，则表示决策单元为弱 DEA 有效率的；

若 $\theta<1$，则表示决策单元为非 DEA 有效率的。

第二阶段：通过构建随机前沿生产分析法（SFA 模型）剔除外部环境因素及随机误差对决策单元（DMU）运行效率的影响，并分解松弛变量。

需要说明的是，SFA 模型将第一阶段计算得到投入和产出的松弛值作为被解释变量（或因变量），以环境因素作为解释变量（自变量），从而有效剔除了外部环境因素（environmental effects）、管理无效率（managerial inefficiencies）、随机误差等因素对决策单元运行效率的影响，最终将原始投入值与产出值调整到最优，使经过上述方法调整后的各研究样本能够处于相同的内外部条件下。参考 Fried 等（2002）、罗登跃（2012）等学者的研究方法，本书提出了投入松弛变量的计算公式，其中，Fried 等（2002）将第一阶段的总松弛变量细分为环境效应、管理无效率和随机误差 3 种效应，利用 SFA 模型验证环境效应、管理无效率和随机误差 3 个因素对总松弛变量的影响。基于此，本书构建总投入松弛变量值的计算公式为：

$$s_{ni}=x_{ni}-X_n\lambda\geq 0, \quad n=1, 2, \cdots, N \tag{6-2}$$

式（6-2）中，$x_{ni}$ 表示第 $i$ 个决策单元的第 $n$ 项投入变量的原始值，$X_n\lambda$ 表示最优投入值，$s_{ni}$ 为第一阶段中第 $i$ 个决策单元的第 $n$ 项投入变量的松弛值。在此基础上，本部分基于 SFA 模型，利用各投入松弛变量分别进行回归分析，在回归分析之前将具体回归方程式界定为：

$$s_{ni}=f_n(z_i; \beta_n)+u_{ni}+v_{ni} \tag{6-3}$$

式中，$n=1, 2, \cdots, N$，$i=1, 2, \cdots, I$；$z_i = (z_{1i}, \cdots, z_{ki})(i=1, 2, \cdots, I)$表示模型中$k$个可观测到影响总投入松弛变量值的环境变量；$\beta_n$表示环境变量对决策单元运行效率的影响系数，$u_{ni} + v_{ni}$表示上述估计方程的混合误差项，且$u_{ni}$和$v_{ni}$独立不相关；$u_{ni}(u_{ni}>0)$代表了决策单元运行过程中产生的管理无效率，也可表示管理因素对投入松弛变量的影响，且服从在零点截断面的正态分布，即$u_{ni} \sim N^+(u^n, \sigma_{un}^2)$；$v_{ni}$表示在决策单元运行过程中计量模型估计所产生的随机误差项，且其满足$v_{ni} \sim N(0, \sigma_{vn}^2)$；根据上述设定，若$\gamma = \dfrac{\sigma_{un}^2}{\sigma_{un}^2 + \sigma_{vn}^2}$越接近于1，则表明环境因素对估计结果的影响越大，越容易使得估计结果产生偏离，此时则非常有必要运用SFA模型剔除随机误差项的影响，提高估计结果的有效性。基于上述分析，可以得到管理无效率项的计算公式为：

$$E(\mu/\varepsilon) = \sigma_* \left[ \frac{\varphi\left(\lambda \dfrac{\varepsilon}{\sigma}\right)}{\phi\left(\dfrac{\lambda\varepsilon}{\sigma}\right)} + \frac{\lambda\varepsilon}{\sigma} \right] \qquad (6-4)$$

其中，$\sigma_* = \dfrac{\sigma_\mu \sigma_v}{\sigma}$，$\sigma = \sqrt{\sigma_\mu^2 + \sigma_v^2}$，$\lambda = \dfrac{\sigma_\mu}{\sigma_v}$。$\mu$表示投入变量中的管理无效率项，$\varepsilon = v - \mu$表示计量模型的混合误差项，$\phi$和$\varphi$分别表示处于标准正态分布的分布函数和密度函数。由此可得随机误差项$\mu$的计算公式为：

$$E[y_{ni} \mid v_{ni} + u_{ni}] = s_{ni} - f(z_i; \beta_n) \qquad (6-5)$$

在上述计算的基础上，为了提高估计结果的稳健性，本部分构建如下投入冗余变量的调整公式，具体表达式为：

$$X_{ni}^A = X_{ni} + [\max[f(Z_i; \hat{\beta}_n)] - f(Z_i; \hat{\beta}_n)] + [\max(v_{ni}) - v_{ni}]$$
$$(6-6)$$

其中，$i=1, 2, \cdots, I$；$n=1, 2, \cdots, N$。$X_{ni}^A$表示调整原始投入值后的投入变量，$X_{ni}$为调整前的原始投入量，$Z_i$为构建指标选择的环境值，$\max[f(z_i; \hat{\beta}_n)] - f(z_i; \hat{\beta}_n)$表示对外部环境因素进行调整，

[max($v_{ni}$) - $v_{ni}$]表示将全部决策单元置于同样的境况下，排除不确定性因素的影响。

第三阶段：对第二阶段中经调整后的投入变量进行 DEA 分析，计算得到最终效率值。

基于前两阶段的计算结果，运用调整后的投入产出变量和原有的产出变量再次测算各决策单元的运行效率，所得到的效率值为剔除环境因素和随机误差项影响的值，准确程度较高。

基于以上三阶段 DEA 模型基本原理的介绍，可知运用该方法进行评价时可直接剥离随机误差项以及其他因素对决策单元运行效率的不利影响，能够更加真实有效地测算出技术创新效率。同时，将调整后的数据输入 BCC 模型中重新测算农村公共服务供给的静态效率，从而得到样本期内全国农村公共服务供给效率的平均值和不同省份农村公共服务供给的综合效率值，进而利用上述测算得到的全国层面和省级层面的效率值进行实证检验，可以进一步甄别出农村公共服务供给的减贫效应的主要影响因素。

（三）Malmquist 指数模型

考虑到上文介绍的三阶段 DEA 模型主要是对样本期内各省（区、市）在农村公共服务领域的截面数据进行分析，属于静态范畴，只能对同一时期的效率值做横向比较，而无法科学评价各省（区、市）在不同时期农村公共服务供给效率的动态变化，更无法反映生产前沿面的移动即技术效率的动态变化过程，而 Malmquist 指数模型弥补了这一缺陷。Malmquist 指数是由曼奎斯特（1953）最先提出，最早是作为一种消费指数，被广泛使用的一种生产率指数。总体而言，Malmquist 指数模型是一种测算全要素生产率（TFP）的非参数法。Caves 等（1982）首次提出基于数据包络分析方法（DEA）的 Malmquist 指数，并将其引入不同部门和地区生产率的分析领域。具体来说，基于 DEA 的 Malmquist 指数模型是分析决策单元的多维投入—产出的效率变化以及相对效率的一种方法，相比全要素生产率测定中的增长核算法和随机前沿分析方法

(SFA), DEA – Malmquist 指数模型的构建思路相对简单, 不需要设定具体的生产函数, 可以直接对全要素生产率增长进行因素分解, 通过构造生产前沿包络面, 使用投入产出的量纲数据, 进而科学评价各个决策单元的相对效率。学术界一般采用 Färe 等 (1997) 构建的基于 DEA 的 Malmquist 指数模型评价决策单元的相对效率。按照一般文献的做法, 可得 $t$ 时期基于产出角度的 Malmquist 指数的计算公式:

$$M^t(x^{t+1}, y^{t+1}, x^t, y^t) = \frac{D_0^t(x^{t+1}, y^{t+1})}{D_0^t(x^t, y^t)} \qquad (6-7)$$

其中, $(x^t, y^t)$ 和 $(x^{t+1}, y^{t+1})$ 分别表示 $t$ 和 $t+1$ 时期的投入产出向量; $D_0^t(x^t, y^t)$ 表示 $t$ 时期的投入产出向量的产出函数, $D_0^t(x^{t+1}, y^{t+1})$ 表示以 $t$ 时期的技术为参照的、$t+1$ 时期的投入产出向量的产出函数, 由此可得 $t+1$ 时期基于产出角度构建的 Malmquist 指数的表达式为:

$$M^t(x^{t+1}, y^{t+1}, x^t, y^t) = \frac{D_0^{t+1}(x^{t+1}, y^{t+1})}{D_0^{t+1}(x^t, y^t)} \qquad (6-8)$$

假定规模报酬不变, 则使用 $t$ 时期、$t+1$ 时期的 Malmquist 指数的几何平均值衡量从 $t$ 时期到 $t+1$ 时期各决策单元经济效率变化的 Malmquist 指数, 具体表达式如下:

$$M_0(x^{t+1}, y^{t+1}, x^t, y^t) = \left[ \frac{D_0^t(x^{t+1}, y^{t+1})}{D_0^t(x^t, y^t)} \times \frac{D_0^{t+1}(x^{t+1}, y^{t+1})}{D_0^{t+1}(x^t, y^t)} \right]^{\frac{1}{2}}$$

$$(6-9)$$

在规模报酬不变的情况下, 依据上述公式所得到的 Malmquist 指数还可以进一步分解为技术效率指数和技术进步指数, 计算公式为:

$$M_0(x^{t+1}, y^{t+1}, x^t, y^t) = \frac{D_0^{t+1}(x^{t+1}, y^{t+1})}{D_0^t(x^t, y^t)} \times$$

$$\left[ \frac{D_0^t(x^{t+1}, y^{t+1})}{D_0^{t+1}(x^{t+1}, y^{t+1})} \times \frac{D_0^t(x^t, y^t)}{D_0^{t+1}(x^t, y^t)} \right]^{\frac{1}{2}}$$

$$(6-10)$$

其中, 技术效率指数 $TE$ 为:

$$TE = \left[ \frac{D_0^t(x^{t+1}, y^{t+1})}{D_0^{t+1}(x^{t+1}, y^{t+1})} \times \frac{D_0^t(x^t, y^t)}{D_0^{t+1}(x^t, y^t)} \right]^{\frac{1}{2}} \qquad (6-11)$$

技术进步指数 TEch 为：

$$TEch = \frac{D_0^{t+1}(x^{t+1}, y^{t+1})}{D_0^t(x^t, y^t)} \qquad (6-12)$$

由式（6-10）计算得到的 Malmquist 指数即为决策单元的全要素生产率（TFP），包括技术效率指数（TE）和技术进步指数（TEch），其中，技术效率指数（TE）又可以进一步划分为纯技术效率指数（PTE）和规模效率指数（SE），各个指数之间的关系可用如下公式表示为：

$$TFP = TE \times TEch = PTE \times SE \times TEch \qquad (6-13)$$

其中，全要素生产率反映决策单元（DMU）运行效率的变动，在本章节可以反映农村公共服务供给效率的变动。如果全要素生产率指数大于1，则表明决策单元的农村公共服务供给效率较上一个年度有增长；反之则表示其供给效率相比上一个年度下降；技术效率指数反映的是在规模报酬不变且生产要素可自由处置条件下的相对效率变化，测度决策单元在不同时期且在既定技术水平下投入产出的有效性，当技术效率指数大于等于1时，表明决策单元在现有技术水平下的投入产出处于最佳状态，是有效率的；当技术效率指数小于1时，表明决策单元在生产过程中所使用的投入要素存在浪费现象，利用效率有待提高。技术进步指数反映决策单元生产前沿面的变化对全要素生产率造成的影响，也可认为是生产前沿面的变化对全要素生产率所做的贡献，表示在不增加要素投入的条件下，通过改进技术水平来实现决策单元生产效率的提升，当技术进步指数大于1时意味着决策单元实现了一定的技术进步，小于1时则意味着决策单元的技术有所退步。基于上述 Malmquist 指数模型基本原理的介绍，本部分将从动态视角构建 Malmquist 指数模型，分析农村公共服务供给效率的动态变化情况，以掌握其时空演化特征。

总体而言，当技术效率指数、纯技术效率指数、规模效率指数和技术进步指数的数值都大于1时，则表示上述各个指标对决策单元的全要素生产率产生促进作用，反之则产生负向作用。

### 二 农村公共服务供给效率评价指标体系构建原则

决策单元的运行效率评价需要提前设计综合评价指标体系。可以说，设计一套科学、合理、有效的农村公共服务供给效率的综合指标评价体系是确保评价结果准确的前提条件和基本保障，也是对各地区提供农村公共服务的成效进行准确评估、定量考核的重要依据，由此所得的评价结果可以为地方政府的政绩考核、民生供给、评估生态环境质量、制定社会经济发展规划等提供可靠的理论依据。通过综合评价指标体系的构建，也可以使各个地区对当地农村公共服务的供给效果、治理成效以及公共服务供给水平的改善程度一目了然，有助于全面掌握当地农村公共服务供给的基本情况，进而有助于决策者更好地制定相应政策。为了综合考察我国农村公共服务的供给效率，本节将使用三阶段 DEA 模型和 Malmquist 指数模型评价我国农村公共服务的供给效率，在评价之前需要科学合理地确定投入与产出指标，构建综合评价指标体系，尽可能消除评价过程中所产生的估计偏差。如果综合评价指标体系的指标选择不合理以及相关评价指标的数量不科学，则有可能导致评价结果的可信度降低。因此，在构建综合评价指标体系时，需要严格遵循如下基本原则。

（一）系统性原则

评价指标体系作为一个决策单元运行效率评价系统，具有完整的结构，也兼具多元化、多层次的特征，其所包含的指标不能仅代表决策单元某一方面的内容，而要成为一个有机整体。具体到农村公共服务供给效率的评价指标体系则应包括农村公共服务供给的各个方面内容，如供给类型、数量、结构、投入资金等，要尽可能避免估计结果存在偏差。同时，系统性原则要求在选择评价指标体系时，既要考虑各个指标之间的相互关系，也要全面系统地反映农村公共服务供给的主要特征、状态及其效率的影响因素等，纳入尽可能多的指标，要确保所使用的投入与产出指标的全面性和多样性。

（二）目标性原则

评价决策单元的运行效率的目的是评价决策单元运行的总体效率以及找出影响效率提升的重要因素，分析存在的主要问题，并制定相应调整措施以提升效率值。在构建具体评价指标体系时，更需要突出评价行为的"目标导向"，所选择的评价指标要紧紧围绕评价目标来设定，且为评价目标服务。在具体设计评价指标体系的过程中，绩效指标要注意组织目标与岗位目标的一致性，将农村公共服务供给的最终目标融入评价指标体系之中，从而选择能够全面反映评价目标的投入与产出指标。同时，评价结果出来后，通过对不同区域的农村公共服务的供给效率进行排序，并探究导致相关省份农村公共服务运行效率不高的原因，进而提出调整方向，由此在全面达到评价目标的同时，为有效提高农村公共服务供给效率提供理论参考。

（三）科学性原则

要获得学术界、企业家、政府部门等社会各界高度认可的评价结果，在构建综合评价指标体系时，必须严格遵循科学性原则。在具体实践过程中，为了有效提高评价指标体系的科学性，必须要用科学的方法分析决策单元运行的整个过程，在评价之前要明确评价体系内各个指标的内涵，确保所选择的指标体系能够反映出一定时期内农村公共服务供给的基本情况和典型特征，又能够客观全面反映各个指标之间的关系；同时，评价指标体系的设计要符合科学原理，尊重客观实际，也要根据当地社会、经济、政治和文化等领域发展的实际情况和客观需要，合理吸收借鉴国内外的先进经验，应具有较高的科学价值，不能脱离当地实际。此外，评价指标体系内各个评价指标的概念要科学确切，满足科学性原则，体现出科学性，经得起推敲。

（四）可行性原则

在对决策单元的运行效率进行评价时，要始终遵循可行性原则，确保评价指标选择以及评价的全过程都是可行的。具体而言，评价指标体系的可行性原则要求各个指标的选取应具有较强的可操作性和可比性，评价指标的设计不能过于复杂，应确保各个指标涵盖的内容是可以通过实际观察或测量得到，要简洁明了、贴近现实，且指标的数据容易收集，不能选择数据难以获取的指标。同时，根据可行性原则，所选择的指标能够直接量化的应尽量量化，若实在难以准确量化的定性指标，则应通过选取研究领域内知名专家的评价结果进行二次量化，以提高评价指标体系的可操作性和可行性。

（五）代表性原则

评价指标体系的代表性原则要求评价指标体系中的各个指标要具有较强的代表性。同时，评价者在构建指标时要处理好代表性和全面性的矛盾，兼顾代表性和全面性，即评价指标体系既要能够准确概括农村公共服务供给过程中的综合特征，也要简明扼要地概括农村公共服务供给效率。在评价过程中，评价者应按照一定的标准，选择在某一领域内最具有代表性和典型性的指标，若指标数量较少时，应确保不会显著降低评价结果的精确程度；若指标数量过多时，则应筛选出一部分次要的指标，以保证评估结果的科学性。同时，评价指标所占的权重、评价标准的制定都应该符合当前我国农村公共服务供给的基本特征。

除上述5个需要遵循的基本原则之外，在使用三阶段DEA模型测度农村公共服务供给效率时，还需要遵循同向性假设原则和评价指标集扩大原则。其中，同向性假设原则要求投入产出变量之间的相关系数在1%水平上统计显著正相关；而评价指标集扩大原则要求投入产出指标体系的指标数量$(m+s)$与决策单元数目$n$应保持如下关系：$2(m+s) \leq n \leq 3(m+s)$。

### 三 农村公共服务供给效率评价体系构建

（一）投入、产出与环境指标选取

使用DEA方法对我国农村公共服务供给效率进行评估和测算，首先需要遵循上述评价指标体系的构建原则，构建综合评价指标体系。由于我国农村公共服务是一个庞大的"生产系统",为了全面准确测度农村公共服务的供给效率,所选指标显得非常关键。根据相关文献的研究以及我国各省份财政支出用于农业农村发展数据的可得性,加之数据包络分析方法对投入和产出指标的选取上,要求决策单元的个数应大于投入和产出指标个数之和的 2 倍,若指标太多或者太少都会降低 DEA 模型的区分度,导致模型所得结果存在偏误。基于此,参考相关研究成果,结合数据可得性,为了科学评价我国农村公共服务的供给效率,描述供给效率的变动情况,本章节构建了包括投入与产出指标的农村公共服务供给效率综合评价指标体系,选取具有较强代表性的三级指标(见表 6 - 1),其中,投入指标 4 个,产出指标 8 个,具体投入与产出指标的界定如下:

**表 6 - 1　　　　农村公共服务供给效率指标评价体系**

| 一级指标 | 二级指标 | 三级指标 | 计量单位 |
| --- | --- | --- | --- |
| 投入指标 | 农村基础设施建设支出 | 人均农林水利基础设施支出 | 元/人 |
|  | 农村公共卫生支出 | 农村人均公共卫生支出 | 元/人 |
|  | 农村基础教育支出 | 农村人均基础教育支出 | 元/人 |
|  | 农村文化设施支出 | 农村人均文化设施支出 | 元/人 |
|  | 农村社会保障支出 | 农村人均社会保障支出 | 元/人 |
| 产出指标 | 农村经济发展 | 农村居民人均可支配收入 | 元/人 |
|  | 农村基础设施建设 | 农村公路里程数 | 千米 |
|  |  | 农村人均有效灌溉面积 | 平方米 |
|  | 农村医疗卫生事业发展 | 每千人拥有乡村医疗卫生人员数 | 人 |
|  |  | 农村每千人拥有床位数 | 张 |
|  | 农村教育事业发展 | 小学师生比 | 比值 |
|  |  | 初中师生比 | 比值 |
|  | 农村文化事业和设施建设 | 每千人农村乡镇文化站个数 | 个 |
|  | 农村社会保障体系建设 | 新型农村合作医疗参保比例 | % |

1. 投入指标

在评价中选择的投入指标要尽可能涵盖决策单元运行效率的主

要影响因素，才能得到更为科学有效的评价结果。本节所选择的农村公共服务供给的投入指标是关于建设和改善基础教育、公共医疗卫生、基础设施、文化事业、社会保障5种不同类型农村公共服务供给水平所投入的政府财力。选择政府在不同类型农村公共服务供给中投入的财力作为投入指标，是由于我国农村公共服务供给中社会力量较少参与，地方各级政府作为农村公共服务的供给主体，使供给渠道和建设资金来源单一。具体包括如下指标：

（1）农村公共卫生支出。农村医疗卫生领域的财政支出是完善农村医疗机构，改善农村卫生环境，提供妇幼保健、预防保健、计划生育和健康教育等公共卫生服务体系的重要保障，在提升我国农村医疗卫生供给水平中发挥了关键作用，也是缓解农村居民"看病贵""看病难"等问题的重要支撑，有助于消除因病致贫返贫问题。在实证检验过程中，考虑到现有相关《统计年鉴》中没有专门统计各个省份的农村公共卫生支出，本书采用农村人均卫生费用支出扣除农村居民人均医疗保健支出之后的余额衡量农村公共卫生支出。

（2）农村基础教育支出。基础教育的普及与发展，有利于提高国民的整体素质，增加居民收入水平，也有利于国民经济的长期稳定发展。扶贫要"扶智""扶志"，发挥基础教育在减贫中的重要作用。当前，加强农村基础教育是我国农村社会经济发展的重中之重，直接关系到我国广大农民的切身利益，也是提高农村劳动者素质、转变农业生产方式、提升贫困人口脱贫内生动力、增加贫困人口收入的关键所在。由于现有相关《统计年鉴》并未统计农村基础教育支出数据，而财政部发布的年度统计公告中给出了我国城市和农村的小学、初中人均财政投入数据，因此，本书采用农村人均基础教育财政支出衡量各地区农村基础教育支出情况，参考张鸣鸣（2010）的方法，构建农村人均基础教育财政支出指标的计算公式为：

农村人均基础教育财政支出 =（农村小学在校生数量×农村小学生人均投入＋农村初中在校生数量×农村初中生人均投入）/农村

# 第六章
## 我国农村公共服务供给效率评价研究

总人口

（3）农村基础设施建设支出。农村基础设施包括农田水利、乡村道路、农村电网改造、安全饮水、生活垃圾处理设施等。近年来，随着国家综合国力的稳步提高，经济实力大幅提高，我国逐步加大了对农村基础设施建设的投入力度，极大满足了农村农业农民对公共服务的需求，改善了农村生产生活环境，显著促进了农村社会经济的持续稳定发展。但由于"历史欠账"较多，我国贫困地区的农村基础设施仍然较为薄弱，生态环境相对脆弱，农村公共服务供给相对不足，从而导致城乡之间的公共服务供给差距仍然较大，成为制约稳定脱贫和乡村振兴的重要因素。很显然，加大农田水利和农业基础设施建设投入，可以提高农业和农村基础设施的供给效率，进而有效改善农业生产条件和农村生活消费环境，提升农村地区尤其是深度贫困地区贫困人口的自我发展能力，提高农村居民的生活幸福指数，促进农村社会经济的快速发展。基于数据可得性，本书选择人均农林水利基础设施支出作为农村基础设施投入的衡量指标。

（4）农村文化设施支出。农村文化设施建设是社会主义文化建设的重要内容，是提升文化软实力、增强文化影响力和辐射力的关键环节，也是当前我国社会主义新农村建设的重要组成部分。文化设施建设经费是衡量文化设施与文化事业发展水平的重要指标，增加农村文化设施建设支出，加强乡镇文化站、老年活动室、文化室、图书室等文化基础设施的软硬件建设，大力推广具有农村传统文化特点的文艺活动，增加农村文化产品供给，促进农村文化事业的快速发展，有助于满足人民群众对农村文化产品日益增加的需求，丰富农村居民的日常生活，提高幸福感和归属感。因此，本书选择农村人均文体广播事业费支出作为农村文化设施支出的衡量指标。

（5）农村社会保障支出。农村社会保障主要包括农村合作医疗制度、农民养老保险制度和农村最低生活保障制度三个方面，这三

— 123 —

种社会保障制度在性质和目标上与我国脱贫攻坚具有较高一致性，因此，农村社会保障制度的完善能够减轻农村贫困人口的生活负担，也有助于打赢我国脱贫攻坚战。具体而言，加强和完善社会保障制度，增加农村社会保障的支出，提高农村社会保障支出占财政支出的比例，有利于缓解农村贫困人口的负担、消除农村贫困和缩小农村社会内部的两极分化，防止"因病致贫""因病返贫""因老返贫"等问题产生，进而助推国家精准扶贫和稳定脱贫工作，由此可见，农村社会保障支出也是农村公共服务建设的重要组成部分。考虑到数据可得性，本书采用农村人均社会保障支出衡量我国不同地区在农村社会保障方面的资金投入情况。

2. 产出指标

考虑到数据的可得性，在参考现有相关研究的基础上，结合投入指标的设置，本节关于农村公共服务供给效率评价指标体系中的产出指标主要包括农村经济发展、农村基础设施和农田水利建设情况、农村教育事业发展状况、农村医疗卫生事业发展情况、农村文化事业和设施建设情况、农村社会保障体系建设情况等，在一定程度上而言，上述二级指标是不可或缺的，且能够反映农村地区公共服务供给水平的重要指标。上述各个产出指标具体设置如下：

（1）农村经济发展。考虑到农村公共服务供给数量和质量也是影响农村生产生活环境与农民的综合素质，进而影响到农村社会经济发展的重要因素，故本节在构建产出指标体系时也加入了农村经济发展指标，以便更为全面地描述农村公共服务的产出情况。现有研究中衡量经济发展水平的指标较多，按照一般文献的做法，并结合我国农村经济发展状况，本节采用农村居民人均纯收入衡量农村经济发展水平，若农村居民人均纯收入越高，则表示该地区农村经济发展水平也越高；反之则越低。

（2）农村基础设施建设情况。农田水利和农村道路是我国农村基础设施的主体，在农村社会经济发展中发挥着极其关键的作用，因而本节在农村基础设施的产出指标的设计中主要考虑农村道路和农田水利设施的建设情况。农村道路一般是指通乡（镇）、通行政村的公路，包括县道、乡道等不同等级的公路，是我国城乡公路网的重要组成部分；农田水利设施建设是指促进农业生产活动更好开展的水利事业，包括灌溉、排水、除涝和防治盐、渍灾害等内容的水利设施。根据在农村社会经济发展中所起作用，可以将农村公路和农田水利设施建设看作保障农村社会经济持续稳定发展的最重要的基础设施之一。考虑到数据可得性，本部分采用农村公路里程数和人均有效灌溉面积衡量各个地区农村基础设施建设水平。

（3）农村医疗卫生事业发展情况。由于收入水平相对较低，我国大部分农村居民普遍面临"看病贵""看病难"等问题，重大疾病的治疗费用成为农村居民的重要负担，因此，发展农村医疗卫生事业是改善农村医疗卫生条件、解决好广大农村群众看病就医问题、防止脱贫人口再因病返贫致贫、减轻农村贫困人口医疗负担，进而实现城乡统筹发展的重要举措。考虑到农村医疗卫生领域数据的可得性，本部分采用每千人拥有乡村医疗卫生人员数和每千人拥有床位数衡量我国农村医疗卫生事业发展情况。

（4）农村教育事业发展情况。农村教育事业发展关系着农村居民综合素质的提高及其子女受教育程度，与接受教育的村民的收入获取能力息息相关，在解决"三农"问题中具有极其重要的作用。在现有研究中教育事业发展情况的衡量指标较多，但考虑到农村教育事业发展的统计数据难以获取，加之农村教育主要是九年义务教育，职业教育规模相对较小，因此，本部分采用农村地区的小学师生比和初中师生比衡量我国各地区农村教育事业发展情况。

（5）农村文化事业和设施建设情况。农村文化事业和设施的建设水平与广大农村居民的精神文化生活质量有着直接的关系，是现代农村的基础元素。近年来，为了推动乡村振兴战略，我国中央和地方各级政府高度重视农村地区的文化事业发展和文化设施建设，投入大量财力、物力等资源，多措并举推进农村文化阵地载体建设，不断完善基层文化服务网络，致力于提高农村地区的公共文化服务水平。基于此，鉴于数据可得性，本部分采用每千人农村乡镇文化站个数衡量各个地区农村文化事业发展和文化设施建设情况。

（6）农村社会保障体系建设情况。我国农村社会保障体系是以农村最低生活保障制度、新型农村合作医疗制度、农村医疗救助制度、农村五保供养制度、自然灾害生活救助制度、失地农民社会保障、农民工社会保障、农村养老保险制度和农村社会福利事业等组成的制度体系。经过多年持续增加资金投入，我国农村社会保障工作取得了可喜成绩，覆盖了大部分农村人口，城乡之间的社会保障水平差距大幅缩小，已初步保障了农村居民的基本生活，对于减轻农村居民负担、加快农村经济发展、构建和谐社会具有重要意义。鉴于数据可得性，且考虑到新型农村合作医疗是近年来我国在农村地区广泛推广的重要的农村医疗保障措施，对于缓解农民看病贵、看病难等问题发挥了巨大作用，故本部分采用新型农村合作医疗参保比例衡量我国农村社会保障体系建设情况。

3. 环境变量

由于决策单元的运行效率受到外部因素和内部因素的交叉影响，其中内部因素一般为可控因素，外部因素则可理解为不可控因素，常常与决策单元的外部环境有关；同时，在农村公共服务供给效率的诸多影响因素中，除农村公共服务的一般性质外，如经济发展水平、城镇化水平、人口规模等也会影响到农村公共服务的供给数量和供给效率，因此，在评估农村公共服务供给效率时，不能排除外部环境的影响，而且还要充分考虑外部环境变量的动态变化，需要将上述环境变量纳入到评价指标体系中。为了准确测量农村公共服务的供给效率，降低评估结果的偏差，就必须尽可能地剥离环境因素对农村公共服务供给效率的影响。参考现有相关研究成果，并考虑到环境变量数据的可得性，本部分选择财政自给率、城镇化水平、经济发展水平和人口总量4个影响农村公共服务供给效率的变量，并将其作为环境变量。

（1）财政自给率。财政自给率与财政实力紧密相关，决定了当地政府供给公共服务能力的高低,是判断一个城市或地区经济发展健康与否以及处于何种真实经济发展阶段的重要指标。一般而言,财政自给率越高,经济发展水平就越高,则财政支出效率也相应提高,这也意味着当地政府的公共支出能力越强,有更多财力用于农村公共服务供给。由于各地区社会经济发展水平不一,我国财政自给率存在较大区域差异,东部省份的财政自给率普遍高于中西部地区。参考相关文献的做法,本部分采用地方财政一般预算内收入与地方财政一般预算内支出的比值衡量地方政府的财政自给率。

(2) 城镇化水平。城镇化是推动社会经济持续发展的必然环节,与农村社会经济发展紧密相关,城镇化的不断推进会对农村社会经济发展带来挑战与机遇。具体而言,在城镇化推进过程中,随着更多农村人口进入城市成为城市居民,必然带来农村劳动力尤其是大量优质农村劳动力的不断流失,使更多人力要素和资本要素等流向城市,进一步夯实城市发展基础,但也导致农村低素质劳动力的比例提高;加之城镇化的推进与城市边界的过快扩张会影响到城市周边农村的生态环境,使农村的自然环境遭到破坏,进而不利于农村社会经济的健康发展。另外,城镇化对农村发展产生负面影响的同时,也会农村社会经济发展产生积极影响。例如,城镇化会为农村剩余劳动力创造出更多的就业机会,直接增加这一部分农民收入,减少农村地区的贫困人口,促进农村产业结构的调整,并将城市发展的成果反馈到农村社会经济发展,从而有效改善农村生产生活环境,促进城乡一体化发展。因此,本部分在环境变量中加入了城镇化指标以控制城镇化对农村公共服务供给效率的影响。

(3) 经济发展水平。地方政府增加公共服务的财政支出能够明显改善当地公共服务供给水平,进而影响到当地社会经济发展,由此可知地方公共服务支出的变动与当地经济发展水平密切相关。与此同时,经济发展水平的高低也会对当地政府的公共支出管理决策乃至投入产出效益产生不同影响。从农村公共服务供给来说,经济发展水平越高,当地政府的财税收入规模越大,其财政支出能力也相应越强，对当地农村公共服务供给的投入随之增加，建设力度也会加大，进而有助于改善当地农村公共服务供给水平。按照一般文献的做法，本部分选择人均国内生产总值衡量当地经济发展水平。

（4）人口总量。地方各级政府提供公共服务的目的是改善当地的生产生活环境，满足人们的公共需求，提高当地居民的生活质量和幸福感，进而改善民生；与此同时，一个社会的公共需求与人口规模也具有较为紧密的关系。人口总量越大，对当地公共服务的需求也越大，进而促使地方政府增加公共服务投入，改善公共服务供给水平和质量。然而，由于"拥挤效应"的存在，人口数量较多，人口密度也越高，从而有可能降低当地政府的公共支出效率，对当地政府的公共服务支出效率产生负面影响。因此，本部分采用人口总量衡量人口规模对农村公共服务供给效率的影响。

**四 样本选择与数据来源**

本章选取中国 30 个省（区、市）作为分析样本，由于西藏、香港、澳门、台湾等地数据缺失较多，且统计口径差别较大，故而被排除在总样本之外；同时，基于数据可得性，本章将样本期设定为 2010—2016 年，综合评价指标体系中所涉及投入指标、产出指标以及环境变量的数据除了来源于国研网统计数据库外，还来源于《中国农村统计年鉴》《中国教育经费统计年鉴》《中国教育统计年鉴》《中国卫生和计划生育统计年鉴》《中国区域经济统计年鉴》《中国人口和就业统计年鉴》《中国财政年鉴》《中国社会统计年鉴》、各省份《统计年鉴》和《国民经济和社会发展统计公报》等不同类型年鉴和统计公报。为了消除各省份人口规模和物价因素的影响，本章在测算农村公共服务供给效率之前还将各个指标数据按照各个省份的不同年份的乡村人口数进行平均，并以 2010 年为基期，采用居民消费价格指数进行销账处理。

# 第三节 农村公共服务供给效率测算结果与分析

## 一 三阶段 DEA 模型测算结果分析

基于上述评价指标的设定和收集整理各个指标的数据，本节首先运用 DEAP 2.1 软件测度得到 2011—2016 年全国各省（区、市）农村公共服务的供给效率。其次在此基础上运用 Frontier 4.1 软件将所选环境变量进行剥离，得到调整后的投入变量。最后重复第一阶段的操作，以获得各省份的最终农村公共服务供给效率。限于篇幅，本节汇报的是样本期内各省份的第一阶段与第三阶段的农村公共服务供给效率值的均值，第二阶段的农村公共服务供给效率值未汇报，具体结果详见表 6-2。

表 6-2 各省份农村公共服务供给效率值（2011—2016 年均值）

| 省份 | 第一阶段 DEA 技术效率 | 第一阶段 DEA 纯技术效率 | 第一阶段 DEA 规模效率 | 第三阶段 DEA 技术效率 | 第三阶段 DEA 纯技术效率 | 第三阶段 DEA 规模效率 |
|---|---|---|---|---|---|---|
| 北京 | 0.766 | 1.000 | 0.766 | 0.842 | 1.000 | 0.842 |
| 天津 | 0.802 | 1.000 | 0.802 | 0.876 | 1.000 | 0.876 |
| 河北 | 0.867 | 0.897 | 0.966 | 0.888 | 0.917 | 0.968 |
| 山西 | 0.876 | 0.947 | 0.925 | 0.922 | 0.987 | 0.934 |
| 内蒙古 | 0.911 | 0.923 | 0.987 | 0.934 | 0.942 | 0.991 |
| 辽宁 | 0.769 | 0.856 | 0.899 | 0.815 | 0.891 | 0.919 |
| 吉林 | 0.779 | 0.832 | 0.936 | 0.836 | 0.873 | 0.958 |
| 黑龙江 | 0.867 | 0.911 | 0.952 | 0.888 | 0.919 | 0.966 |
| 上海 | 0.724 | 0.867 | 0.835 | 0.851 | 0.963 | 0.884 |
| 江苏 | 0.907 | 0.985 | 0.921 | 0.968 | 1.000 | 0.968 |
| 浙江 | 0.911 | 0.976 | 0.933 | 1.000 | 1.000 | 1.000 |

续表

| 省份 | 第一阶段 DEA ||| 第三阶段 DEA |||
|---|---|---|---|---|---|---|
| | 技术效率 | 纯技术效率 | 规模效率 | 技术效率 | 纯技术效率 | 规模效率 |
| 安徽 | 0.963 | 0.996 | 0.967 | 1.000 | 1.000 | 1.000 |
| 福建 | 0.973 | 0.978 | 0.995 | 1.000 | 1.000 | 1.000 |
| 江西 | 0.997 | 1.000 | 0.997 | 1.000 | 1.000 | 1.000 |
| 山东 | 1.000 | 1.000 | 1.000 | 1.000 | 1.000 | 1.000 |
| 河南 | 0.873 | 0.945 | 0.924 | 0.945 | 0.963 | 0.981 |
| 湖北 | 1.000 | 1.000 | 1.000 | 1.000 | 1.000 | 1.000 |
| 湖南 | 1.000 | 1.000 | 1.000 | 1.000 | 1.000 | 1.000 |
| 广东 | 0.895 | 0.915 | 0.978 | 0.922 | 0.937 | 0.984 |
| 广西 | 0.942 | 0.978 | 0.963 | 0.939 | 0.955 | 0.983 |
| 海南 | 1.000 | 1.000 | 1.000 | 1.000 | 1.000 | 1.000 |
| 重庆 | 1.000 | 1.000 | 1.000 | 1.000 | 1.000 | 1.000 |
| 四川 | 0.945 | 0.975 | 0.969 | 0.992 | 1.000 | 0.992 |
| 贵州 | 0.991 | 1.000 | 0.991 | 1.000 | 1.000 | 1.000 |
| 云南 | 1.000 | 1.000 | 1.000 | 1.000 | 1.000 | 1.000 |
| 陕西 | 0.817 | 0.886 | 0.922 | 0.889 | 0.925 | 0.962 |
| 甘肃 | 0.867 | 0.967 | 0.897 | 0.935 | 0.949 | 0.985 |
| 青海 | 1.000 | 1.000 | 1.000 | 1.000 | 1.000 | 1.000 |
| 宁夏 | 0.817 | 0.881 | 0.927 | 0.886 | 0.925 | 0.958 |
| 新疆 | 0.827 | 0.924 | 0.895 | 0.871 | 0.941 | 0.926 |
| 均值 | 0.872 | 0.946 | 0.911 | 0.901 | 0.957 | 0.933 |

由表6-2可知，从全国层面看，2011—2016年传统DEA模型评价结果中技术效率、纯技术效率和规模效率的均值分别为0.872、0.946和0.911，其中，纯技术效率高于规模效率，说明规模效率在提高我国农村公共服务供给效率中发挥的作用较小，是造成近年来我国农村公共服务供给的整体效率较低的主要根源。从省级层面

的技术效率值看，有7个省市（山东、湖北、湖南、海南、重庆、云南、青海）的农村公共服务供给效率值为1，北京、辽宁、吉林和上海4个省市的农村公共服务供给效率值低于0.8，而天津、河北、山西、黑龙江、河南、广东、陕西、甘肃、宁夏和新疆10个省份的农村公共服务供给效率值处于0.8—0.9。由此可见，我国将近一半省份的农村公共服务供给效率值小于1，且在这些农村公共服务供给效率值较低的省份之间还存在较大的区域差异，例如，广东与上海之间的供给效率值存在较大差距。原因可能是各省份在财政自给率、城镇化程度、经济发展水平及人口密度等环境因素方面存在较为明显差异。需要注意的是，虽然大部分省份的农村公共服务供给效率值低于1，但也表明这些省份在纯技术效率和规模效率方面均有一定的提升空间，这也是未来提高农村公共服务供给效率的努力方向。

与第一阶段采用传统DEA模型的评价结果相比，在剔除环境因素和随机误差因素后，得到第三阶段农村公共服务供给效率值，如表6-2所示。由表6-2可知，相比于第一阶段测算值，第三阶段的全国和各省份的农村公共服务供给效率发生了较大变化，技术效率、纯技术效率和规模效率的均值均有所提高，且大部分省份的农村公共服务供给效率值也提高了一定水平，这表明各省份农村公共服务的供给效率受到各个地区的财政自给率、城镇化水平、经济发展水平和人口密度等环境因素的影响，即上述因素对农村公共服务供给效率的提高产生了促进作用。同时，由第三阶段DEA模型评估结果的进一步分析可知，广西、贵州和甘肃3个省区的农村公共服务供给效率值有所下降，这意味着受环境因素和随机误差的影响上述几个省份的效率值存在高于实际水平的现象，其余省份的农村公共服务供给效率值均有所提高。其中，有12个省份均达到了技术效率的前沿面，三种效率值均为1，为DEA有效，达到技术效率前沿面的省份比第一阶段增加了5个（浙江、安徽、福建、江西、贵州），表明这些省份在农村公共服务供给过程中，管理技术、资源使用和资源投入等多方面的整体效率均较高，有助于提高农村公共服务供给效率。由此可知，提高资源配置效率能够提高农村公共服务供给效率。具体来看，调整前后，北京、天津和上海3个直辖市的技术效率值变动最大，分别由0.766、0.802和0.724提高到0.842、0.876和0.851，表明上述地区的农村公共服务供给效率受环境因素和随机误差因素的影响较大，而其他省份受环境因素和随机误差因素的影响则较小。

纯技术效率方面，经调整投入变量后，共有16个省份（北京、天津、江苏、浙江、安徽、福建、江西、山东、湖北、湖南、海南、四川、重庆、贵州、云南、青海）为技术有效，与第一阶段相比增加了5个省份，表明上述省份在农村公共服务供给过程中投入要素的配置效率较高，对农村公共服务供给效率的提高产生了正面影响。同时，还有14个省份农村公共服务供给的纯技术效率值小于1，表明这些省份的农村公共服务供给效率为技术无效，意味着在供给农村公共服务过程中未能充分利用所投入的各种资源，资源利用效率较低，存在不同程度的资源浪费现象。此外，调整前后，纯技术效率指数值提高幅度较大的省份有上海和陕西，分别由0.867和0.886提高到0.963和0.925，表明上述省市在农村公共服务供给过程中的管理和技术等方面的生产效率提升较为显著。

规模效率方面，调整投入变量后，共有12个省份（浙江、安徽、福建、江西、山东、湖北、湖南、海南、重庆、贵州、云南、青海）的规模效率值为1，表明上述省份的农村公共服务供给的规模报酬不变，即这些区域的农村公共服务供给在现有管理和技术条件下已处于最优规模状态，且其要素投入也达到了最优规模，即在供给农村公共服务过程中无须再大规模调整要素的投入数量。同时，调整后处于规模报酬递增的省份有14个（河北、山西、内蒙古、辽宁、吉林、黑龙江、上海、河南、广东、广西、陕西、甘肃、宁夏、新疆），这表明上述省份的农村公共服务供给的规模效应还有提升空间，适当扩大这些省份的要素投入规模有助于提高农村公共服务供给效率，从而能够有效缩小实际供给规模与最优规模之间的差距。而其余处于规模报酬递减的省份，则应当采取针对性措施适当控制当地农村公共服务供给规模，并优化农村公共服务建设过程中的要素投入结构，将要素用于供给能够带来更多收益的农村公共服务，以提高这些投入要素的利用效率。

## 二 Malmquist 指数模型测算结果分析

（一）全国层面分析

本部分在详细介绍 Malmquist 指数模型的基本原理基础上，为提高测算结果的精确程度，利用 DEAP 2.1 软件剔除了影响农村公共服务供给效率的环境因素和随机误差因素，并将各投入变量和初始产出变量代入 Malmquist 指数模型，进一步测算得到 2011—2016 年我国农村公共服务全要素生产率，具体测算结果如表 6-3 所示。需要说明的是，可以由表 6-3 中的各个指数值减去 1 得到全要素生产率的增长率。

表 6-3　　　　全国农村公共服务全要素生产率及其分解

| 指数<br>年份 | 技术效率 | 技术进步 | 纯技术效率 | 规模效率 | 全要素<br>生产效率 |
| --- | --- | --- | --- | --- | --- |
| 2011 | 0.892 | 1.106 | 0.956 | 0.933 | 0.986 |
| 2012 | 0.925 | 1.012 | 0.968 | 0.956 | 0.937 |
| 2013 | 1.001 | 1.134 | 0.995 | 1.006 | 1.135 |
| 2014 | 1.003 | 0.986 | 1.001 | 1.002 | 0.989 |
| 2015 | 1.033 | 1.125 | 1.067 | 0.968 | 1.162 |
| 2016 | 1.192 | 1.079 | 1.069 | 1.115 | 1.286 |
| 均值 | 1.009 | 1.098 | 1.012 | 0.998 | 1.109 |

由表 6-3 中各个分解指数的平均值可知，2011 年以来我国农村公共服务全要素生产率的增长率为 10.9%，表明我国农村公共服务的供给效率在整体上呈现出提升的趋势，这也与现实发展情况基本吻合，其中，2016 年全要素生产率的增长率最高，为 28.6%，而

2012年全要素生产率的增长率则最低，为-6.3%，这也意味着随着中央和地方各级政府对农村公共服务供给的规模和质量越发重视，在人力、物力、财力和项目等方面向农村公共服务供给倾斜，使得我国教育、医疗卫生、基础设施、文化设施、社会保障制度等不同类型农村公共服务的供给效率呈现出稳步提升趋势。与此同时，反映技术进步的技术进步变化指数的平均增长率为9.8%，这表明技术进步是引起我国农村公共服务全要素生产率增长的主要原因，在提高农村公共服务供给效率的过程中发挥了重要作用。技术效率指数的平均增长率为0.9%，这说明2011年以来随着各级政府对农村公共服务供给问题的越发重视，建设资金投入稳步增加和供给规模逐步扩张，我国农村公共服务的综合管理机制不断健全，其管理效率也得到一定程度的提升，但与技术进步变化指数相比，技术效率指数的平均增长率仍较低，表明管理效率的提升对我国农村公共服务全要素生产率增长的促进作用仍然较小。其中，纯技术效率指数和规模效率指数的平均增长率分别为1.2%和-0.2%，这表明虽然近年来我国农村公共服务的供给规模不断扩大，供给数量持续增加，供给效率也大幅提高，但由于历史欠账较多，农村公共服务供给的规模效应和结构优化效应并未得到充分发挥，整体的规模效率还有较大的提升空间，对农村公共服务全要素生产率增长的促进作用尚未充分体现出来。

(二) 省级层面分析

为了深入考察我国农村公共服务供给效率的省级层面差异，本部分同样利用DEAP 2.1软件将剔除环境因素和随机误差因素的各投入变量和初始产出变量代入Malmquist指数模型进行计算，具体测算结果如表6-4所示。由表6-4的结果可知，只有甘肃和青海的农村公共服全要素生产率小于1，增长率分别为-3.2%和-0.8%，这两个省份的全要素生产率下降的原因主要在于技术效率的增长率分别为-4.5%和-1.7%，这意味着两个省份的农村公共服务的管理效率较低，管理体制有待健全，进而造成了农村公共服务全要素生产率的负增长。其余省份的农村公共服务全要素生产率均大于1，可知这些省份的公共服务供给为有效的，这也表明近年来随着国家对农村公共服务供给的越发重视，投入了大量建设资源，使全国绝大部分省份的农村公共服务供给效率呈现出递增的趋势，即显著提高了农村公共服务供给效率和质量。从全要素生产率的增幅来看，黑龙江、福建和重庆的农村公共服务全要素生产率的增长率排名位居前三，宁夏、青海和甘肃3省则位居后3位，这也表明西部地区的农村公共服务供给效率相对较低，提升的空间还较大。

从技术进步来看，所有省份的技术进步指数均大于1，整体上呈现出递增趋势，这表明技术进步成为我国各省份农村公共服务供给效率提升的主要驱动因素。从技术效率来看，共有12个省份（山西、内蒙古、浙江、江西、湖北、湖南、贵州、陕西、陕西、甘肃、青海、宁夏）的技术效率值小于1，即技术效率的增长率为负，呈现出递减趋势，表明上述省份农村公共服务的管理效率有所下降，这也成为上述12个省份农村公共服务全要素生产率较低的主要原因。从规模效率来看，共有12个省份（山西、内蒙古、辽宁、江苏、浙江、江西、湖北、湖南、贵州、陕西、甘肃、宁夏）的规模效率值小于1，表明这些省份的规模效率的增长率为负，这意味着上述省份农村公共服务供给的规模效率尚未显现，还需进一步提升其规模效率，以推动农村公共服务全要素生产率的增长。

（三）区域层面分析

为了进一步考察我国不同区域农村公共服务供给效率的差异，本书将全国30个省（区、市）划分为东部、中部和西部三个区域[1]，测算结果如表6-4的最后三行所示。

---

[1] 东部地区是指北京、天津、河北、辽宁、上海、江苏、浙江、福建、山东、广东和海南11省（市）；中部地区是指吉林、黑龙江、山西、安徽、江西、河南、湖北和湖南8省；西部地区是指内蒙古、广西、重庆、四川、贵州、云南、西藏、陕西、甘肃、青海、宁夏和新疆12省（区、市）。

表 6 - 4　　我国各地区农村公共服务全要素生产率及其分解（2011—2016 年均值）

| 指数<br>地区 | 技术效率 | 技术进步 | 纯技术效率 | 规模效率 | 全要素<br>生产效率 |
|---|---|---|---|---|---|
| 北京 | 1.115 | 1.008 | 1.000 | 1.115 | 1.124 |
| 天津 | 1.026 | 1.006 | 1.000 | 1.026 | 1.032 |
| 河北 | 1.028 | 1.146 | 1.025 | 1.003 | 1.178 |
| 山西 | 0.996 | 1.102 | 1.000 | 0.996 | 1.098 |
| 内蒙古 | 0.978 | 1.123 | 1.000 | 0.978 | 1.098 |
| 辽宁 | 1.012 | 1.088 | 1.052 | 0.962 | 1.101 |
| 吉林 | 1.043 | 1.102 | 1.016 | 1.027 | 1.149 |
| 黑龙江 | 1.123 | 1.131 | 0.998 | 1.125 | 1.269 |
| 上海 | 1.073 | 1.005 | 0.986 | 1.088 | 1.078 |
| 江苏 | 1.040 | 1.139 | 1.055 | 0.986 | 1.185 |
| 浙江 | 0.975 | 1.107 | 1.000 | 0.975 | 1.079 |
| 安徽 | 1.002 | 1.165 | 1.000 | 1.002 | 1.167 |
| 福建 | 1.101 | 1.132 | 0.998 | 1.103 | 1.246 |
| 江西 | 0.944 | 1.186 | 0.967 | 0.976 | 1.119 |
| 山东 | 1.000 | 1.105 | 1.000 | 1.000 | 1.105 |
| 河南 | 1.106 | 1.102 | 1.106 | 1.000 | 1.219 |
| 湖北 | 0.982 | 1.188 | 1.000 | 0.982 | 1.167 |
| 湖南 | 0.989 | 1.112 | 1.000 | 0.989 | 1.099 |
| 广东 | 1.001 | 1.024 | 1.000 | 1.001 | 1.025 |
| 广西 | 1.005 | 1.153 | 1.000 | 1.005 | 1.159 |
| 海南 | 1.035 | 1.136 | 1.002 | 1.033 | 1.176 |
| 重庆 | 1.043 | 1.187 | 0.988 | 1.056 | 1.238 |
| 四川 | 1.004 | 1.164 | 1.000 | 1.004 | 1.169 |
| 贵州 | 0.967 | 1.062 | 0.973 | 0.994 | 1.027 |
| 云南 | 1.023 | 1.109 | 1.021 | 1.002 | 1.135 |
| 陕西 | 0.951 | 1.106 | 0.995 | 0.956 | 1.052 |
| 甘肃 | 0.955 | 1.013 | 0.982 | 0.973 | 0.968 |
| 青海 | 0.983 | 1.009 | 0.975 | 1.008 | 0.992 |
| 宁夏 | 0.929 | 1.086 | 0.981 | 0.948 | 1.009 |

续表

| 指数<br>地区 | 技术效率 | 技术进步 | 纯技术效率 | 规模效率 | 全要素<br>生产效率 |
|---|---|---|---|---|---|
| 新疆 | 1.011 | 1.105 | 1.000 | 1.011 | 1.117 |
| 均值 | 1.009 | 1.098 | 1.012 | 0.998 | 1.109 |
| 东部 | 1.094 | 1.054 | 1.008 | 1.085 | 1.153 |
| 中部 | 1.055 | 1.101 | 1.003 | 1.052 | 1.162 |
| 西部 | 0.983 | 1.062 | 0.989 | 0.994 | 1.044 |

由表6-4最后三行的估计结果可知，从区域层面看，中部地区农村公共服务全要素生产率的指数值最高，东部地区次之，西部地区最低，即中部地区农村公共服务的供给效率最高，高于东部和西部地区。其中，三个区域农村公共服务的技术效率指数的排列为"东部＞中部＞西部"，纯技术效率和规模效率指数的排列为"东部＞中部＞西部"，这说明东部地区作为经济最发达地区，其农村公共服务的管理效率较高，西部地区的农村公共服务的管理效率最低，这也成为制约西部地区农村公共服务供给效率提高、进而促进该区域社会经济持续健康发展的重要原因。值得注意的是，技术进步指数的排列顺序则为"中部＞西部＞东部"，而且中部地区的技术进步指数值远高于东部和西部，由技术进步指数值可知，较低的技术改进水平是制约东部地区农村公共服务供给效率提升的关键因素。

综合来看，中部地区农村公共服务的管理效率虽然低于东部地区，但中部地区农村公共服务供给的技术进步指数值却位居第一，表明技术改进成为中部地区农村公共服务供给效率最高的主要因素，这也与中部地区农业大省居多，对农业基础设施、农田水利设施较为重视，国家的相关财政投入和转移支付也相对较多，以及农业综合发展水平较高有关，从上述结果也可以发现，兼顾技术改进与管理效率的提高是促进我国农村公共服务供给效率提升的关键举措。考虑到西部地区农村公共服务全要素生产率较低，未来还需要制定各种优惠政策加以扶持，且国家还需进一步加大对西部地区农村公共服务供给的技术改进投入，增加对西部地区的转移支付，以及出台相关人才政策吸引人才流入，并要留得住人才；同时，西部地区还要采取针对性措施着力提高管理效率，以促进该区域农村公共服务的全要素生产率较快增长。

## 第四节 本章小结

农村公共服务供给效率问题关系着农村的生产生活环境及其社会经济的持续稳定发展，是农村地区尤其是深度贫困地区的贫困人口如期脱贫和稳定脱贫的关键，更事关如期全面打赢脱贫攻坚战。本部分在系统介绍数据包络分析法、三阶段 DEA 模型和 Malmquist 指数模型基本原理的基础上，构建包括投入指标、产出指标和环境变量的农村公共服务供给效率的综合评价指标体系，分别采用三阶段 DEA 模型和 Malmquist 指数模型，对 2011—2016 年我国 30 个省（区、市）的农村公共服务供给效率进行评价，探究了我国整体和省级层面农村公共服务供给效率的静态和动态变化情况，结果发现：从静态来看，通过第一阶段和第三阶段 DEA 模型评价结果的对比，我国各省份的技术效率均值和纯技术效率均值被低估，在剔除了环境因素和随机误差因素后，多数省份的技术效率、纯技术效率和规模效率均有较大幅度提高，其中共有 12 个省份均达到了技术效率的前沿面，三种效率值均为 1，即为 DEA 有效，达到技术效率前沿面的省份比第一阶段增加了 5 个，由此可知，采用三阶段 DEA 模型评价我国 30 个省（区、市）的农村公共服务供给效率是合理必要的，而采用一阶段 DEA 模型进行评价则会低估我国农村公共服务供给效率。从 Malmquist 指数模型的评价结果来看，2011 年以来我国农村公共服务全要素生产率的增长率为 10.9%，表明我国农村公共服务的供给效率在整体上呈现出提升趋势，技术进步是引起我国农村公共服务全要素生产率增长的主要原因，而技术效率在我国农村公共服务全要素生产率增长过程中所起的促进作用则较小。

在此基础上，本章节进一步分析我国农村公共服务全要素生产率的省级层面和区域层面的差异，研究发现除了甘肃和青海的农村公共服务全要素生产率小于1之外，其余省份的农村公共服务全要素生产率大于1，即其供给为有效的，这也表明近年来全国绝大部分省份的农村公共服务供给效率呈现出提升的趋势；从区域层面看，中部地区农村公共服务全要素生产率的指数值最高，东部地区次之，西部地区最低，而技术进步指数的排名则为"中部>西部>东部"，这说明加强区域间的相互借鉴与合作，提高区域间的资源配置效率和实现技术共享，有助于全面提高我国农村地区公共服务的供给效率。

# 第七章 我国农村公共服务供给减贫效应测度研究

## 第一节 问题的提出

改革开放以来,我国实施了大规模扶贫开发,制定了一系列扶持政策,投入了巨大的人力、物力、财力等资源持续推进扶贫工作,为全球减贫事业做出了巨大贡献。年均减少贫困人口接近1900万人,使7亿多农村贫困人口摆脱了贫困,贫困发生率累计下降了95.8个百分点。到2019年年末,全国农村贫困人口从1978年年末的77039万人减少至551万人,累计减少76488万人;全国贫困发生率从1978年的97.5%下降至0.6%,累计下降了96.9个百分点。随着我国扶贫开发进入攻坚期,提升农村公共服务供给水平、促进城乡基本公共服务均等化,进而优化农村生产生活环境,提高农村贫困人口收入水平,夯实贫困地区社会经济发展基础,已成为各级政府工作重点与社会各界关注的焦点。

与非贫困地区相比,我国农村贫困地区经济社会的发展水平落后,基础教育、医疗卫生、社会保障、文化事业等基本公共服务在量和质上都存在严重不足,使这些本已贫弱地区的自我发展能力难以显

# 第七章
## 我国农村公共服务供给减贫效应测度研究

著增强，内生脱贫动力仍需进一步提升。同时，经过多年大力扶贫开发，我国大规模扶贫阶段已经结束，绝对贫困人口显著减少，绝对贫困水平大幅降低，贫困减缓速度逐年下降。自20世纪90年代中后期以来，我国农村贫困发生率的下降速度开始明显减缓，统计数据显示，2011年贫困发生率下降了4.5个百分点，到2018年贫困发生率下降了1.4个百分点，而2019年贫困发生率则仅下降1.1个百分点。随着扶贫工作的深入推进，我国剩余农村贫困人口的脱贫进度放慢，这亦表明进入脱贫攻坚阶段后，我国的减贫难度正在加大，尚需投入大量扶贫减贫资源。当前，我国脱贫攻坚仍然存在一些突出问题，尤其是一些深度贫困地区的基础条件薄弱、公共服务供给不足，自我发展能力不强、减贫内生动力不足的问题并没有得到根本改变，稳定脱贫长效机制尚未建立。显而易见的是，上述问题将成为制约我国农村贫困地区稳定脱贫、全面建成小康社会的难点。

为了深入探究农村公共服务减贫的作用机理，检验农村公共服务供给以及不同类型农村公共服务供给的减贫效应，进而甄别影响我国农村公共服务供给的减贫效应的重要因素，本部分首先介绍了农村贫困的测度方法和实证检验的动态面板数据模型，其次利用2011—2016年我国24个省（区、市）的统计数据进行实证研究，这对于着力解决影响我国贫困地区尤其是深度贫困地区实现可持续发展的公共服务供给的短板问题，构建包含经济、社会、文化、制度等在内的现代乡村贫困治理体系，提高精准扶贫和稳定脱贫的成效，加快推进扶贫攻坚工作和乡村振兴战略具有重要理论价值和现实意义。

## 第二节 研究设计

### 一 估计方法

（一）农村贫困的测度方法

一般而言，在研究贫困问题时，需要测度贫困程度，而要准确测度贫困程度则需要界定一个前提条件，即贫困线的设定。贫困线用于反映维持最低生活标准所需的食品及非食品成本，能够用于确定居民或家庭是否属于贫困人口。在测度过程中，若对贫困线进行不同的设定，测度结果也将存在较大差异。学术界一般采用贫困发生率、恩格尔系数法、收入比例法、FGT贫困指数和马丁法5种具有较强代表性的方法甄别贫困人口，进而测度贫困程度。

1. 贫困发生率

国外学者较早开始系统研究社会贫困问题，分析产生贫困的根源，并提出相应的对策建议以减少贫困人口。学术界关于贫困线的研究始于Rowntree（1902）探讨伦敦贫困问题，他从最低需求的角度提出采用贫困线描述伦敦的贫困程度，甄别导致伦敦部分居民陷入贫困的原因，进而在研究过程中衍生出贫困发生率指标。该指标除了反映贫困的广度，也可以通过比较不同时期贫困发生率的变动趋势判断不同地区的减贫效果，贫困发生率越低则意味着减贫效果越好。与其他贫困测度指标相比，贫困发生率指标简洁明了，能够直接得到贫困数据，目前很多国家和地区均采用贫困发生率测度贫困程度。在确定被评价地区的贫困标准、贫困人口数量以及总人口数量的基础上，可以用贫困人口与总人口的比值表示贫困发生率，具体计算公式为：

$$P = \frac{q}{n} \qquad (7-1)$$

其中，$P$表示贫困发生率，$q$表示按照贫困标准确定的贫困人口数量，$n$表示该地区统计总人口。若$P$值越大，表明贫困发生率越大，处于贫困线以下人口越多，社会贫困程度越高，扶贫任务也越重。相比于其他贫困测度指标，贫困发生率计算简单、直观，便于统计贫困人口。但是，需要注意的是，与其他测度方法相比，该指标较为笼统，既不能全面反映处于贫困线以下人口的贫困程度，也没能进一步按照贫困程度对低收入群体做进一步的划分。针对贫困发生率指标的不足，美国社会安全局于1971年提出了贫困缺口率指标，用于衡量处于贫困线以下的贫困人口的实际收入与贫困线之间的差距，进而判断贫困人口的贫困程度的变化情况。与贫困发生率相比，该指标能够按照贫困程度对贫困人口进行细分。此后，Sen（1976）在美国社会安全局所构建指标基础上，经过标准化处理之后，提出了新的贫困缺口率指标，即使用贫困线与贫困人口纯收入差额的总和与达到贫困线以上人口的总收入的比值表示，具体计算公式为：

$$H = \sum \frac{z-s}{Y} \quad (7-2)$$

其中，$H$ 表示贫困缺口率，$z$ 表示贫困线，$s$ 表示处于贫困线以下人口的收入，$z-s$ 表示贫困差距，$Y$ 表示达到贫困线以上人口的收入水平。与其他指标相比，Sen 所提出的贫困缺口率指标在测度贫困过程中容易掌握，但无法满足强转移性和连续性条件。

2. 恩格尔系数法

恩格尔系数法是国际上常用的一种测定贫困程度的方法，该方法建立在德国统计学家和经济学家恩格尔提出的恩格尔系数和恩格尔定律的基础上，用于分析特定国家或地区居民的生活水平及其贫困程度。通过恩格尔系数法来测定贫困线的原理是，首先根据国家营养协会推荐的满足当地生活需求的最低营养摄取量标准确定居民的食品消费项目和数量，进而计算出食品支出的费用，并用它除以计算期最低收入水平组的恩格尔系数，即可得到贫困线。在具体计算过程中，满足基本生活需要的食品消费额也可以根据可扩展线性支出模型（ELES）进行测定；而恩格尔系数则是家庭食品支出与家庭总收入的比值，也可以使用家庭食品支出与家庭消费总支出的比值表示。一般而言，家庭收入越高，食品消费支出在总支出中所占比重就越低，恩格尔系数也随之下降。若恩格尔系数值越大，则表明在该地区居民的总支出中，用于食品消费等基本生活支出的比重越高。由此可知，这一部分居民的边际消费倾向特别是基本生活边际消费倾向值也较高，因而用于其他改善型消费或投资领域支出的比重越低；同时，恩格尔系数可以反映出居民的收入水平，若该系数值越高则表明则这部分居民的收入水平和生活水平越低，进一步表明一个国家或地区的贫困程度越高；反之，恩格尔系数越小，则说明居民收入水平越高，其贫困程度也越低。

与其他方法相比，恩格尔系数法简便易行，容易测算贫困程度，可以用代表一般居民生活水平的恩格尔系数来描述低收入群体的消费水平和贫困程度。但是，由于恩格尔系数本身容易受到消费者的消费偏好和消费习惯等因素的影响，直接用恩格尔系数法来确定贫困线可能容易产生错位现象。加之受到价格、地域等因素的影响，我国恩格尔系数变化较大，在测度恩格尔系数时容易受到消费者主观判断影响，且在测度过程中忽略了衣、食、住、行等消费支出，导致所得到的贫困标准线产生偏差，影响测度结果的科学性。

3. 收入比例法

收入比例法也是一种测度贫困线进而衡量居民贫困程度的重要方法，是由欧洲经济合作与发展组织（OCED）提出的以相对贫困作为理论基础，根据一个国家或地区的平均收入水平来确定贫困线，收入水平低于贫困线的居民即可确定为贫困人口。收入比例法主要有收入等份比例法和平均收入比例法两种形式。其中，收入等份比例法将被调查居民按收入水平分成不同的等级（一般是5个或10个等级），并确定总人口中贫困人口所占比重（通常为5%或10%），由此可以得到最低收入家庭的贫困线；与之相对的是，平均收入比例法则是以一个国家或地区居民平均收入水平的一定比例作为贫困标准线，进而确定贫困人口总量及其占总人口的比重。

在具体计算中，欧洲经济合作与发展组织提出以一个国家或地区的中位收入或该国平均收入的50%—60%作为这个国家或地区的贫困线，亦即最低生活保障线，并依此计算得到贫困人口占总人口的比重。与其他方法相比，收入比例法在测度贫困程度时简单明了，测度数据相对容易获取，因而较为容易确定被调查对象的贫困标准线,能够直观反映相对贫困程度与不同地区之间的贫困差异。然而,该种方法采用发达国家的统计数据所得到贫困标准线容易脱离实际,未考虑到其他类型国家的社会经济发展情况,不一定适用于欠发达国家或发展中国家,从而降低了该方法的适用范围。同时,在计算过程中按照单个国家或地区的平均收入水平的一定比例作为贫困线,未考虑单个居民的具体需求,且在确定贫困线时包括较多主观成分,识别精确度有待提高,容易造成所界定的贫困标准线存在偏误,影响当地贫困人口的精准识别。

**4. FGT 贫困指数**

加权贫困距指数(FGT 贫困指数)是目前学术界使用较为广泛的贫困指数,相比于其他测度方法和测度指数,该指数的精确程度较高,但计算较为复杂,基本原理用如式(7-3)表示:

$$F_\alpha(z) = \int_0^z \left(\frac{z-x}{z}\right)^\alpha f(x)\,dx \qquad (7-3)$$

式(7-3)中,$F_\alpha(z)$ 为贫困指数,$z$ 表示贫困线,$x$ 表示贫困人口的平均收入,$f(x)$ 表示收入密度函数,$\alpha \geq 0$,$F_\alpha(z) \in [0, 1]$。与其他评价方法相比,FGT 贫困指数能够满足样本分组的一致性要求和部分样本的连续性要求,这也是 FGT 贫困指数的优点。其中,由分组的一致性特征可知,若收入密度函数 $f(x)$ 可以作为不同截面的总和密度函数,则 FGT 贫困指数可以表示为某一样本期内各个不同地区截面贫困指数的综合值,其权重为各个截面的人口在总人口中所占比重。在具体计算过程中,FGT 贫困指数先将各个地区的贫困指数值计算出来,然后按照一定标准赋予各个地区相应的权重,进而得到全国层面的贫困指数。同时,通过满足部分样本的连续性,即使样本的收入水平受到不确定因素的影响,FGT 贫困指数计算得到的贫困指数值也较为稳定。当被测样本的收入水平一致且位于同一贫困线下,则可以用 $\alpha$ 衡量贫困规避程度,若 $\alpha$ 越大,则表示整个国家的贫困规避程度越高,也表明在采用 FGT 贫困指数计算贫困程度时,对极端贫困的赋值权重也越大。当 $\alpha = 1$ 时,FGT 贫困指数计算所得到的贫困指数为贫困发生率。当 $\alpha=1$ 和 $\alpha=2$ 时，FGT贫困指数分别表示贫困距和贫困距的平方，这是测量贫困强度常用的两个指标；当 $\alpha>2$ 时，FGT 贫困指数除了达到分组一致性和部分待测样本连续性之外，还可以满足样本收入转移的敏感性，即各个样本的收入越低，那么在这些低收入人群之间转移收入对贫困指数的影响越大，进而使评价得到贫困指数值存在偏差。

5. 马丁法

马丁法是由曾在世界银行工作过的经济学家马丁（1992）提出的一种测算贫困线的方法，这一方法要求在确定居民维持基本生存需求的食物支出的基础上，构建居民总消费支出与食物支出之间的数学关系模型，进而计算出贫困线。依据这种方法测量得到的贫困线由居民维持基本需要的食物支出和非食物支出两部分组成，即这一方法包括食物贫困线和非食物贫困线两种贫困线的测度。在具体测算过程中，食物支出指的是居民获得一定的营养所必需的基本食物支出，如购买粮食、蔬菜、肉类等食物的支出；非食物支出则是指对于那些刚刚能够支付食物支出的贫困人口，自愿放弃基本的食物需要来购买非食物的其他支出。除食物贫困线和非食物贫困线两种贫困线之外，由马丁法测算得到的贫困线又可分为低贫困线和高贫困线（见图7-1），其中低贫困线是指食物贫困线加上最基本的非食物必需品支出的总额，高贫困线代表那些达到食物贫困线及以上水平的一般住户支出，他们的食物支出超过了社会平均的食物支出水平。还需说明的是，食物线是以人口最低热量支出为基础，将这些所需热量转化为食品，再根据这些食品计算得到贫困线。

在计算贫困线的具体过程中，首先，需要进行问卷调查以收集微观调查数据，如城镇居民入户调查数据、农村居民定点观察数据等，进而可以得到被调查居民满足基本生活需求的最低食物支出水平。其次，通过构建计量模型估计出被调查样本中人均消费支出刚达到贫困线居民的非食物支出，并将最低食物支出与非食物支出加总以得到调查样本的低贫困线，由此所得的低贫困线即代表了人均

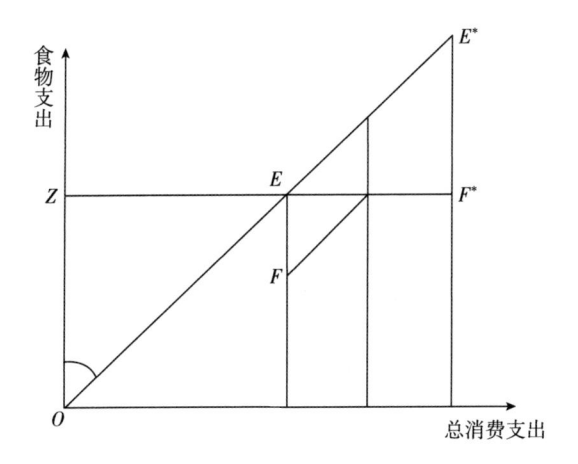

图 7-1 马丁法贫困线的结构

消费支出刚达到贫困线的低收入居民用于维持基本生活的最低消费支出。基于上述计算所得到的低贫困线，若被调查对象的人均可支配收入低于这一贫困标准，则表示受调查对象为贫困户或特别困难户，其收入水平和生活水平较低，无法依靠自身能力保障最基本的生活需求，通过自身努力脱贫的可能性也较低，这也意味着上述家庭也是需要中央和地方各级政府重点扶持的家庭。与此相对的是，高贫困线也可以采用低贫困线的计算方法求得，通过构建简单的回归模型拟合得到居民的人均食物支出与人均消费支出之间的关系，进而计算得出这些居民的非食物支出，两者相加便可得到高贫困线。但是，在使用马丁法计算得到贫困线，并在将之用于识别贫困人口和测度居民贫困的过程中，也存在一些需要解决的问题，如马丁法难以得到一个大家普遍认可的贫困标准，其贫困线容易引起学者们质疑；同时，在贫困人口的测度过程中，高贫困线和低贫困线没有公认的界定标准，容易导致评估结果存在偏差。此外，在使用马丁法测度贫困程度时，获取数据难度较大，没有现成微观调查数据可用，需要进行大量问卷调查以获取大样本家庭调查数据，才能够得到相对合理的贫困线。

综上所述，目前学术界用于测度贫困程度的方法和指标较多，不管是从基础理论层面，还是从测度的可操作性等方面都各有所长，但总体来看各种方法还是存在一定的缺陷，在测度贫困时尚存在不足。基于此，本节从研究数据的获取和实际研究需要出发，结合现有的研究成果，选择贫困发生率和农村居民恩格尔系数法对我国各个省区市的农村贫困程度进行测度，并采用农村居民人均纯收入作为减贫效应的衡量指标加入计量模型中，采用两步系统广义矩估计法实证检验农村公共服务供给的减贫效应。

（二）广义矩估计法

由于传统的动态面板数据模型，如固定效应模型、随机效应模型等在进行估计时为了减少计量模型的内生性，在实证检验时将被解释变量的滞后一期值作为解释变量放入计量模型中，这样虽能提高估计结果的稳健性，但也有可能导致解释变量与随机误差项的相关性较高，进而造成估计结果存在偏误和非一致性。同时，采用传统的混合最小二乘法（OLS）进行估计将产生向上的偏差，而采用固定效应模型进行估计则将产生向下的偏差，因此，一部分学者将广义矩估计法（GMM）引入动态面板数据模型的估计中（Hansen，1982；Arellano 和 Bond，1991；Blundell 和 Bond，1998），从而有效减少了实证检验中产生的估计偏误，获得稳健性更高的估计结果。

学术界普遍使用的广义矩估计法（GMM）主要有两种：差分广义矩估计法（DIF - GMM）和系统广义矩估计法（SYS - GMM）。Arellano 和 Bond（1991）通过对回归模型进行差分，且通过科学合理的实验步骤选择合适的工具变量，从而得到差分广义矩模型的估计值。同时，在回归估计过程中，可以采用差分 GMM 模型消除一些不符合规范的截面个体效应，进而真正克服模型中存在的异方差问题。但是，需要注意的是，不管是一步还是两步差分广义矩估计法都存在一些问题，例如在估计过程中该方法往往将其他不随时间变化的固定变量消除掉，容易产生弱工具变量问题，进而导致差分 GMM 估计法难以得到有效估计，从而降低估计结果的稳健性。此后，针对差分 GMM 估计法在实证中存在的问题，在差分广义矩估计法的基础上，Blundell 和 Bond（1998）将被解释变量差分的滞后项与随机误差项的交叉项加入到计量模型中，进行系统广义矩估计（SYS - GMM）。综合来看，系统广义矩估计法将差分方程和水平方程结合起来，除采用水平值的滞后项作为差分方程的工具变量之外，还将一阶差分滞后项作为水平方程的工具变量，相比于差分 GMM 估计法，系统 GMM 估计法的工具变量更多且更为合理。系统广义矩法使用这些工具变量不仅消除了差分 GMM 估计法中弱工具变量的不利影响，也降低了在进行小样本估计时所产生的偏差，进而能够显著提高估计结果的稳健性，因此，系统 GMM 估计法的应用性较高，国内外众多学者采用该方法进行回归分析。

具体而言，系统 GMM 估计法通过对估计方程进行一阶差分，筛选出更为合适的工具变量，并产生相适应的矩条件方程，进而消除固定效应和随机效应的不利影响。同时，系统 GMM 估计法再将解释变量的滞后一期值和二期值作为工具变量进行估计，消除了差分 GMM 估计法中产生的弱工具变量问题，从而获得精确程度较高、较为稳健的估计结果。相比于差分 GMM 估计法，系统 GMM 估计法放松了随机误差项的分布条件，允许其存在序列相关和异方差，不需要事先掌握随机误差项的具体分布情况，因此，与最小二乘法、固定效应模型、随机效应模型、混合面板模型以及差分 GMM 估计法等其他实证方法相比，系统 GMM 估计法可以获得更为有效的估计结果。基于此，本节将使用两步系统广义矩估计法（SYS - GMM）进行回归分析。由于系统广义矩估计法可以进一步划分为包含外生变量的 GMM 估计和不包含外生变量的 GMM 估计，因此，本节从两个方面介绍该方法的基本原理，具体如下：

1. 不含外生变量的 GMM 估计

参考相关研究文献，本节将不含外生变量的系统 GMM 估计法的具体形式界定如下：

$$y_{it} = \alpha y_{i(t-1)} + \eta_t + \nu_{it}, \quad |\alpha| < 1 \qquad (7-4)$$

其中，$t=1,\cdots,T$ 及 $i=1,\cdots,N$，其中 $N>T$；$y_{it}=(y_{i1},y_{i2},\cdots,y_{iT})$ 表示第 $i$ 决策单元在第 $t$ 时刻的观察值，作为方程被解释变量；当 $t \neq s$ 时，$E(\nu_{it})=E(\nu_{it}\nu_{is})=0$。

为了得到合适工具变量，对式（7-4）进行一阶差分，可得：

$$\Delta y_{it} = \alpha \Delta y_{i(t-1)} + \Delta \nu_{it}, \quad i=1,\cdots,N, \quad t=2,\cdots,T \quad (7-5)$$

假设各个序列之间不存在相关性以及各序列独立存在，因而可知被解释变量 $y$ 的滞后二期或滞后三期值可作为被解释变量一阶差分滞后项的有效工具变量，从而增加了有效工具变量的数量。当 $T \geq 3$ 时，在线性正交矩阵 $m=(T-1)(T-2)/2$ 的约束下，可得到一阶差分矩条件：

$$E[(\bar{y}_{it} - \alpha \bar{y}_{i(t-1)}) y_{i(t-j)}] = 0 \quad (7-6)$$

其中，$j=2,\cdots,(t-1)$；$t=3,\cdots,T$，$\bar{y}_{it}=y_{it}-y_{i(t-1)}$。考虑到对序列之间无相关性的假设也暗含着二次矩阵的约束，Hansen（1982）、White（1982）在实证检验过程中对这些问题进行了深入研究，并提出了解决的思路。总体而言，采用不含外生变量的系统 GMM 估计法或两阶段工具变量估计法在解决这些问题时均有效，能够得到较为稳健的估计结果。

对式（7-6）进行变换，可得 $E(Z'_i \bar{\nu}_i)=0$，其中，$\bar{\nu}_i=(\bar{\nu}_1,\cdots,\bar{\nu}_{iT})'$，$Z_i$ 是 $(T-2) \times m$ 维的工具变量向量。在此基础上，可进一步得到自回归系数的系统 GMM 估计量 $\hat{\alpha}$ 的表达式为：

$$\hat{\alpha} = \mathrm{argmin}(\bar{\nu}'Z) A_N (Z'\bar{\nu}) = \frac{\bar{y}_{-1} Z A_N Z' \bar{y}}{\bar{y}_{-1} Z A_N Z' \bar{y}_{-1}} \quad (7-7)$$

其中，矩阵 $A_N = (N^{-1} \sum_i Z'_i H Z_i)^{-1}$ 表示一个正定矩阵，该矩阵可以决定自回归系数 $\alpha$ 的 GMM 估计值的大小。

2. 包含外生变量的系统 GMM 估计

在式（7-4）基础上，加入了 $(k-1)$ 个独立解释变量，将可以构建含有外生变量的系统 GMM 模型，其具体表达式为：

$$y_{it} = \alpha y_{i(t-1)} + \beta' x^*_{it} + \eta_t + \nu_{it} = \rho x_{it} + \eta_i + \nu_{it} \quad (7-8)$$

其中，各参数的含义同上；$x_{it}=(y_{i(t-1)} \; x^*_{it})'$ 与 $\nu_{it}$ 为序列不相

关。同时，若 $x_{it}^*$ 是严格外生变量，则对于 $i=1, \cdots, N$、$t=1, \cdots, T$ 及 $s<t$ 而言，则有 $E(x_{it}^* \nu_{is})=0$，$x_{it}^{*'}s$ 为有效工具变量，$Z_i = diag(y_{i1} \cdots y_{is} x_{i1}^{*'} \cdots x_{iT}^{*'})$，$(s=1, \cdots, T-2)$。

对式 (7-8) 求一阶差分，可得到：

$$\Delta y_{it} = \rho \Delta x_{it} + \Delta \nu_{it} \tag{7-9}$$

在式 (7-9) 的基础上，依前文分析思路可得 $k \times 1$ 维的系数向量的系统 GMM 估计法的估计参数表达式为：

$$\hat{\rho} = (\overline{X}'ZA_N Z'\overline{X})^{-1} \overline{X}'ZA_N Z'\overline{y} \tag{7-10}$$

其中，$A_N$ 的定义同上，$\overline{X}$ 是 $(T-2)N \times k$ 维的堆叠矩阵，通过观测 $\overline{x}_{it}$ 的值可得到；变量 $\overline{y}$ 和 $Z$ 均是基于 $Z_i$ 的一个适当选择变量。

## 二 计量模型构建

通过以上理论分析可知，农村公共服务供给与贫困之间存在一定的内在逻辑关系，不同类型农村公共服务供给能够产生一定的减贫效应，但鉴于学术界尚未有经典文献界定这两者之间的计量函数关系。基于此，为了准确捕捉农村公共服务供给的减贫效应，尽量消除计量模型的内生性问题，参考现有文献，并在理论分析基础上，本节构建了如下动态面板数据模型：

$$RP_{it} = \alpha_0 + \alpha_1 RP_{it-1} + \alpha_2 RPS_{it} + \sum_{i=1}^{5} \beta_i Control_{it} + \eta_{it} + \varepsilon_{it} + \mu_{it} \tag{7-11}$$

其中，$i$ 表示省份，$t$ 表示年份。$RP_{it}$ 表示农村贫困，用于衡量农村公共服务供给的减贫效应；$RPS_{it}$ 表示农村公共服务供给效率；$Control_{it}$ 表示计量模型中所引入的一系列控制变量，包括产业结构、城镇化水平、农业劳动生产率、农村剩余劳动力转移和对外开放程度。$\alpha_0$ 表示与各省区市相关的特定截面效应，$\alpha_1$ 和 $\alpha_2$ 表示农村贫困的滞后一期值和农村公共服务供给效率的估计系数，$\beta_i$ 表示各控制变量的估计系数。$\eta_{it}$、$\varepsilon_{it}$ 和 $\mu_{it}$ 分别表示模型中不可观测的地区效应、时间效应和随机误差项。

## 三 变量选择

### （一）农村贫困（RP）

上文介绍了国内外学者测度贫困的一些具有代表性的方法或指标，对于本节测度农村贫困程度具有较强的启示。学术界在测算农村贫困指数时，使用的数据类型主要有两种：第一种是农村家庭入户调查数据。国内较多学者采用该类数据研究农村贫困问题，但受研究经费和人力的限制，农村入户调查数据的样本量相对较少，而一些省份公布的农村家庭调查数据为连续的且在使用上受到一定的限制，因而基于该数据对农村贫困所做的研究被限制在特定的地区和年份，非该项目研究人员很难使用到此类数据资源。同时，一些知名高校或科研院所因本单位的经济实力较强，也有能力进行农村入户统计调查，以获取农村调查数据进行研究，但所得到的样本量较少和样本期相对较短，且同样限定使用者的范围，一般不允许项目研究团队以外的研究人员使用。第二种数据类型为分组数据。与农村家庭的入户调查数据和农村家庭微观调查数据相比，农村居民的分组数据覆盖范围更广，获取难度较小，也可以由各种《统计年鉴》中的数据资料整理得到，但受到研究方法的限制，学术界较少采用分组数据描述农村贫困程度。此外，还有部分学者使用贫困发生率和农村家庭恩格尔系数作为农村贫困衡量指标。鉴于农村贫困指标数据的可得性，本节也用农村绝对贫困水平即农村贫困发生率来衡量我国省级层面的农村贫困程度。

同时，为了提高实证结果的稳健性，参考张克中等（2010）的研究方法，本节还采用农村家庭恩格尔系数作为我国农村贫困水平的替代指标；同时，参考王艺明和刘志红（2016）、龚维进等（2018）的研究成果，本节也采用农村居民的人均纯收入作为我国农村贫困水平的替代指标，以衡量农村公共服务供给的减贫效应，并进行稳健性检验。其中，恩格尔系数代表一个家庭或国家的富裕程度，若农村家庭的恩格尔系数越大，则意味着农村家庭的贫困程度越高，收入水平越低；若该系数越小，则代表农村家庭越富裕，收入水平越高。

(二) 农村公共服务供给 (RPSS)

第五章不同类型农村公共服务供给减贫的作用机理分析表明农村公共服务供给极大改善了农村生产生活条件，进而成为我国农村贫困减少的重要原因。为了检验农村公共服务供给对贫困的影响效应，本部分利用第六章基于 Malmquist 指数模型测度得到农村公共服务供给的全要素生产率值作为农村公共服务供给效率的衡量指标进行实证检验。

同时，在第六章研究的基础上，参考现有文献的做法，本部分从投入和产出视角分别构建了教育发展、医疗卫生、基础设施、文化设施和社会保障五个农村公共服务供给的一级指标，用于表示不同类型的农村公共服务供给情况，具体评价指标体系如表 7-1 所示。此外，本节采用熵值法，将由二级指标依次计算得到农村基础设施、农村教育发展、农村医疗卫生、农村文化设施、农村社会保障合成一个综合评价值，用于评价农村公共服务的供给效率。

表 7-1　　　　不同类型农村公共服务供给指标体系

| 一级指标 | 二级指标 |
| --- | --- |
| 农村教育发展 | 农村人均基础教育支出 |
| | 小学师生比 |
| | 初中师生比 |
| 农村医疗卫生 | 农村人均公共卫生支出 |
| | 每千人拥有乡村医疗卫生人员数 |
| | 每千人拥有床位数 |
| 农村基础设施 | 人均农林水利基础设施支出 |
| | 农村公路里程数 |
| | 人均有效灌溉面积 |
| 农村文化设施 | 农村人均文化事业支出 |
| | 每千人农村乡镇文化站个数 |
| 农村社会保障 | 农村人均社会保障支出 |
| | 新型农村合作医疗参保比例 |

### (三) 控制变量

**1. 产业结构 (INS)**

产业强则经济强、产业兴则地区兴。产业是一国或地区社会经济高质量发展的有力支撑，在社会经济发展中起着极其重要的带动作用。可以说，产业发展在减少农村地区贫困、促进农村社会经济发展，进而提升贫困地区的经济发展活力等方面，起到了非常关键的促进作用。很显然，发展产业尤其是特色产业是实现我国贫困地区精准扶贫、稳定脱贫的根本之策。由此可知，在精准扶贫过程中，产业扶贫是优化农村发展环境、增加农村贫困居民收入的重要一环，培育壮大农村贫困地区特色产业是改善农村贫困人口生活环境、增强脱贫内生动力、夯实当地经济发展基础的重要手段，更是我国贫困地区彻底脱贫的必由之路。因此，本部分采用第三产业增加值与第二产业增加值的比值衡量产业结构升级程度，以控制产业结构变迁对农村贫困的影响。

**2. 城镇化 (URL)**

在城镇化推进过程中，要素空间集聚和规模经济为贫困地区创造了大量就业机会，为农村贫困人口到城镇就业、获取较高务工收入创造了有利条件。同时，外出务工人员在一定时期后可以通过返乡创业就业带动贫困地区经济发展和公共基础设施的改善，促进贫困地区生产、生活方式的转变，改善了当地发展环境，有助于夯实这些地区社会经济发展基础。然而，城镇化虽然减少了贫困人口数量、促进贫困地区发展，但也吸引了贫困地区大量青壮年劳动力流入城镇或发达地区，导致贫困地区的人口老龄化趋势明显，人力资源配置的低层次化和低素质特征越发显著，农村地区的乡村干部、人民教师、致富带头人等中高端人力资源严重不足，以至于这些地区社会经济发展带头人的主体地位不凸显，社会经济发展的内生动力亟待加强，难以充分满足农村贫困地区脱贫致富的需要。因此，为了控制城镇化对农村贫困的影响，本部分采用各省（区、市）城镇常住人口占其总人口的百分比作为城镇化的衡量指标。

### 3. 农业劳动生产率（ALP）

农业劳动生产率的提高事关农业现代化的实现，是增加农民收入、减少农村贫困人口的重要因素，更是一个国家或地区社会经济持续发展的基础。提高农业劳动生产率对农村贫困的影响主要有两个渠道：一方面，农村劳动生产率的提高有助于提高当地农业生产的经济效益，增加农村人均产出，进而直接增加农村居民的人均纯收入；另一方面，农业劳动生产率的提高有助于减少从事农业生产的劳动者，使大量农村剩余劳动力从农业生产中解放出来，从事制造业、服务业等非农产业领域的相关工作，从而推进农村剩余劳动力由农村向城市的转移、由农业向非农产业的转移，增加农村剩余劳动力的务工收入，推进农业适度规模经营，加快传统农业向现代农业转型升级，进而促进农村居民人均可支配收入的提高，也可进一步推动农业劳动生产率的提升。因此，农业劳动生产率的提高能够促进农业生产的发展，为农村贫困人口带来更多收入，进而减缓农村贫困。参考现有研究，本部分构建投入—产出指标体系，采用DEA模型测度农业劳动生产率。其中，投入变量用农业劳动力数量表示，即第一产业从业人员数；产出变量采用农村第一产业增加值表示。

### 4. 农村剩余劳动力转移（LAB）

伴随新型城镇化进程的加快和农业现代化的持续推进，加之国家投入大量人力、物力、财力等资源用于扶持农业发展，推动了农业劳动生产率的不断提高，为农村剩余劳动力的转移提供了"推力"和"吸力"，使大量农村剩余劳动力从农村转移到城市，从农业向制造业、建筑业、餐饮服务业、快递业等劳动密集与附加值更高的非农产业转移，为城市建设做出了重要贡献。与此同时，大量农村剩余劳动力向城市转移也极大地缓解了农村富余劳动力的就业压力，提高了农村地区各种资源的配置效率，促进了农业规模化生产经营，进而为农村地区的贫困人口带来了更多收入，有助于减少农村贫困人口。参考李勇刚（2016）的方法，本部分采用进入城市部门和农村非农业部门就业的农村劳动力的加总来表示农村剩余劳动力转移量。

5. 对外开放（OPP）

对外贸易是驱动经济增长的"三驾马车"之一，在一国或地区的经济增长中发挥着极其关键的作用。在日益开放经济条件下，一国或地区的经济增长与对外贸易紧密相关。随着参与国际分工的深度不断延伸，对外开放对我国城乡社会经济发展的影响程度越来越大，其中，实际利用外商直接投资和对外贸易能够为农村剩余劳动力提供大量就业机会，将直接影响进城务工的农村剩余劳动力的收入水平，已经成为影响我国经济增长和国民收入的最重要的外部因素，事关贫困地区产业扶贫、就业扶贫、易地搬迁扶贫、项目建设扶贫等不同类型扶贫模式的减贫成效。因此，本节将在计量模型加入了对外开放变量，并采用按当年人民币平均汇率计算的进出口总额占GDP的比重衡量对外开放程度，以控制对外开放对农村贫困的影响。

### 四 数据来源与描述性分析

根据上一章测度农村公共服务供给效率时对样本期的设定，本部分将实证研究的样本期定为2011—2016年，并鉴于数据可获得性，选择全国24个省（区、市）组成的面板数据①，实证检验我国农村公共服务供给的减贫效应。需要说明的是，因西藏数据缺失较多，故将西藏排除在样本之外；而北京、天津、上海、江苏、浙江和广东6省（区、市）则因近几年来未统计贫困发生率或贫困发生率数据缺失太多而未纳入总样本中。计量模型中各变量的数据主要来源于国研网统计数据库和《中国统计年鉴（2012—2017）》，而贫困发生率数据来源于《中国农村贫困监测报告（2012—2017）》，农村剩余劳动力转移量的数据由《中国劳动力统计年鉴（2012—

---

① 本部分的样本包括河北、福建、山东、海南、山西、安徽、江西、河南、湖北、湖南、内蒙古、广西、重庆、四川、贵州、云南、陕西、甘肃、青海、宁夏、新疆、辽宁、吉林和黑龙江24个省（区、市）。

2017)》和各省（区、市）的《统计年鉴（2012—2017）》的数据计算而得；农村居民恩格尔系数的数据来源于各省（区、市）的《统计年鉴（2012—2017）》；人民币年平均汇率数据来源于中国人民银行网站。在进行回归分析之前，为了消除各个变量异常值所引起的估计结果的偏误，本部分还对模型中的变量进行自然对数处理，并采用插值法补齐了某些指标变量的少量缺失值，主要变量的描述性统计见表7-2。

表7-2　　　　　　主要变量说明和统计性描述

| 指标 | 变量 | 样本数 | 平均值 | 标准差 | 最小值 | 最大值 |
| --- | --- | --- | --- | --- | --- | --- |
| 农村贫困 | RP | 144 | 7.154 | 6.550 | 0.800 | 28.500 |
| 农村公共服务供给 | RPS | 144 | 0.924 | 0.235 | 0.643 | 1.329 |
| 产业结构 | INS | 144 | 0.985 | 0.521 | 0.563 | 3.692 |
| 城镇化 | URL | 144 | 50.638 | 16.187 | 19.334 | 88.056 |
| 农业劳动生产率 | ALP | 144 | 1.625 | 0.211 | 0.306 | 2.253 |
| 农村剩余劳动力转移 | LAB | 144 | 1043.144 | 827.661 | 86.074 | 3268.390 |
| 对外开放 | OPP | 144 | 38.326 | 42.119 | 5.264 | 55.196 |

从表7-2可以看出，农村公共服务供给效率的最小值和最大值之间的差额不大，而用农村贫困发生率衡量的农村贫困变量的最大值和最小值之间存在较大差距，变动范围为0.800—28.500，呈现出较为明显的变异性；其中，农村贫困发生率的均值为7.154，农村公共服务供给效率的均值为0.924。在控制变量中，产业结构的均值为0.985，变动范围为0.563—3.692；城镇化的均值为50.638，变动范围为19.334—88.056；农业劳动生产率的均值为1.625，变动范围为0.306—2.253；农村剩余劳动力转移的均值为1043.144，变动范围为86.074—3268.39；对外开放的均值为38.326，变动范围为5.264—55.196，由上述数据可知，农村贫困发生率、产业结构、城镇化、农村剩余劳动力转移、对外开放等大部分变量的变动幅度较大，可以进行实证检验。

## 第三节 估计结果分析

### 一 基准模型估计

考虑到本节使用的省级层面数据为"大 N 小 T"的短面板数据，即样本期较短、截面较多，加之为了消除模型中的重要变量之间可能存在的反向因果关系，消除模型内生性的不利影响，本部分采用两步系统广义矩估计法（SYS - GMM）进行回归分析。同时，本部分还在实证检验中采用了依次添加控制变量的分步回归法，通过比较不同模型的各个控制变量和解释变量的估计系数的大小观察各个变量对农村贫困的影响情况，以判断估计结果的稳健性，估计结果如表 7-3 所示。由表 7-3 的自相关检验 AR（1）、AR（2）的 P 值可知，模型残差序列存在一阶自相关，但不存在二阶自相关；由 Sargan 检验的 P 值可知，模型选择的工具变量是合理有效的，上述检验表明两步系统广义矩估计法的估计结果较为理想。此外，由表 7-3 的模型 1—模型 6 可知，农村公共服务供给效率与各个控制变量的估计系数的大小和显著性非常接近，且各个变量的估计系数的符号也一致，进一步表明本部分的分布回归结果较为稳健。限于篇幅，本部分主要汇报包含所有控制变量的基准模型 6 的估计结果。

表 7-3　　　　　　　　　　计量模型回归结果

| | 模型 1 | 模型 2 | 模型 3 | 模型 4 | 模型 5 | 模型 6 |
|---|---|---|---|---|---|---|
| L1. RP | 0.759*** | 0.802*** | 0.806*** | 0.691*** | 0.784*** | 0.639*** |
| | (70.24) | (48.11) | (33.48) | (24.53) | (22.54) | (29.78) |
| RPS | -0.059*** | -0.101*** | -0.102*** | -0.027** | -0.039*** | -0.103*** |
| | (-5.47) | (-6.45) | (-7.34) | (-2.01) | (-3.44) | (-3.04) |
| INS | | -0.015** | -0.017** | -0.042*** | -0.026** | -0.035** |
| | | (-2.09) | (-2.24) | (-3.46) | (-2.33) | (-2.33) |

续表

|  | 模型1 | 模型2 | 模型3 | 模型4 | 模型5 | 模型6 |
|---|---|---|---|---|---|---|
| URL |  |  | 0.026<br>(1.51) | 0.005<br>(0.64) | 0.011<br>(1.61) | 0.013<br>(1.52) |
| ALP |  |  |  | -0.092***<br>(-3.15) | -0.113***<br>(-2.93) | -0.083***<br>(-2.76) |
| LAB |  |  |  |  | -0.002**<br>(-2.17) | -0.07*<br>(-1.75) |
| OPP |  |  |  |  |  | 0.009<br>(1.25) |
| 常数项 | 2.351***<br>(3.52) | 0.804***<br>(7.29) | 0.972***<br>(9.16) | 1.023***<br>(12.54) | 1.318***<br>(13.55) | 0.631***<br>(6.78) |
| AR（1） | 0.0001 | 0.0001 | 0.0001 | 0.0001 | 0.0001 | 0.0001 |
| AR（2） | 0.208 | 0.162 | 0.174 | 0.195 | 0.193 | 0.166 |
| Sargan test | 0.545 | 0.574 | 0.366 | 0.415 | 0.816 | 0.529 |
| 观测值 | 120 | 120 | 120 | 120 | 120 | 120 |

注：(1) 括号内为相应的 $z$ 值；(2) ***、**、*分别表示在1%、5%和10%的水平上显著。

由模型的估计结果可知，农村贫困发生率的滞后一期值的估计系数在1%的水平上显著为正，表明上一期的贫困发生率对当期值产生显著的正向作用，也表明农村贫困在时间上呈现出较强的惯性效应，这也间接证明贫困代际传递惯性的存在，意味着在扶贫开发过程中需要采取切实有效的措施消除贫困的惯性，如加快推进教育扶贫、产业扶贫、易地搬迁扶贫等政策，切断贫困的代际传递。农村公共服务供给的估计系数在1%的水平上显著为负，表明贫困发生率与农村公共服务供给之间存在显著的负相关关系，即农村公共服务供给显著减少了农村贫困人口，这也意味着我国农村公共服务供给数量的增加和供给效率的提高产生了明显的减贫效应。现阶段，贫困地区尤其是深度贫困地区的公共服务短缺和供需矛盾成为我国贫困产生的主因，严重制约了我国的扶贫开发工作的成效，也是扶贫开发工作进入攻坚阶段后中央和地方各级政府的重要关注点。可以说，提高农村贫困地区公共服务的供给水平和供给效率已成为影响扶贫开发成效提升的关键因素。随着我国中央和地方各级政府越发重视农村公共服务供给在扶贫攻坚、新农村建设和乡村振兴战略中的积极作用，各级政府在农村公共服务供给中的作用显著提升，制定实施了一系列扶贫攻坚措施，对农村地区尤其是深度贫困地区公共服务支出大幅增加，在人力、物力、财力、项目等资源安排上向农村公共服务供给倾斜，从而极大改善了农村公共服务的供给效率，优化了农村公共服务的供需结构，在一定程度上满足了农村居民对各种公共服务的有效需求，提升了农村贫困人口的综合素质和自我发展能力，为其获得更多收入创造了有利条件。同时，加大对农村公共服务供给的资源投入，也有效促进了贫困地区资源的合理配置和优化，进而推动城乡之间公共服务均等化的加速实现，促进农村民生事业发展，让更多贫困人口享受到公正平等的待遇，亦有助于降低贫困发生率，助推精准扶贫和稳定脱贫，从而构建起精准扶贫的长效机制。

产业结构的估计系数在5%的水平上显著为负，表明产业结构与贫困发生率之间存在显著的负相关关系，即产业结构的优化升级产生了明显的减贫效应，农村特色优势产业的发展壮大与农村产业结构的优化有效减少了农村贫困人口。产业扶贫作为一种内生发展机制，是促进农村地区社会经济发展、培育完善农村产业链、拓展农村地区发展空间、增加农民尤其是贫困农户收入的有效途径。随着产业结构的优化升级，我国开始逐步构建现代产业体系，农村地区的产业结构也逐渐调整优化，有力促进了国民经济的高质量发展。具体表现为农村第一产业占比逐步降低，农村经济活动更多地转向第二、第三产业，进而带动了贫困地区的特色优势产业的快速发展，在当地形成有一定竞争优势和较大影响力的产业集群，增加了当地农村居民的就业机会，拓展了其收入来源，显著增强了贫困地区脱贫攻坚的内生动力和脱贫能力，实现了农村家庭收入的多样

# 第七章
## 我国农村公共服务供给减贫效应测度研究

化,从而促进了贫困地区居民收入水平的提高和社会经济的持续快速发展,使贫困人口规模逐步缩小,贫困发生率也相应降低。

城镇化的估计系数为正,但不显著,表明城镇化的持续推进并未能有效降低我国贫困发生率,即未产生较为显著的减贫效应。原因可能是近年来虽然我国工业化和城镇化持续快速推进,新型城镇化的步伐稳步推进,极大促进了产业、地域和城乡之间的劳动力、土地、资金、技术、项目等关键要素的流动和重新配置,产生社会经济发展的集聚效应和规模效应,在一定程度上推动了农村规模生产和生产效率的提高,也为农村剩余劳动力创造了更多的就业机会,缓解了农村剩余劳动力的就业压力,增加了农村居民收入,实现了农村地区的和谐稳定发展,也带动了农村贫困地区的社会经济发展,大幅减少了农村贫困人口。但是,城镇化在促进我国农村地区社会经济发展的同时,也产生了一定的负面作用。具体而言,随着城镇化的快速推进,贫困地区大量青壮年劳动力尤其是一部分接受过高等教育的优质高端劳动力流入城镇或发达地区,农村地区未能有效留住高素质人才,造成农村贫困地区人口老龄化趋势和人力资源配置的低层次化越来越明显,老人、妇女和儿童成为我国农村居民的主要组成部分,人力资源短缺问题越发凸显。改革开放以来,国家对劳动力尤其是农村剩余劳动力迁移的限制逐步放宽,使农村剩余劳动力大规模地迁移到城市,从农业迁移到制造业、服务业等非农产业,变成城镇常住人口,极大促进了城市建设和城市社会经济的快速发展,但农村剩余劳动力向城镇的大规模迁移也导致我国农村发展过程中新"三农"问题的产生,即"农村空心化、农业边缘化、农民老龄化"。农村人口持续减少尤其是有文化青壮年的大量减少导致农村贫困地区经济发展思路不广、发展思想固化、管理能力和创新能力相对欠缺、自主发展能力较弱等,对农村社会经济发展也造成了不利影响。因此,尽管城镇化为部分农村带来了更多收入,实现了一定程度的规模经营,但也导致农村地区劳动力尤其是有文化劳动力的流失,以至于农村农业发展所需的人力资源匮乏，发展后劲相对不足。长期来看，城镇化对农村贫困的减缓作用尚未体现出来，还需采取有效措施加强城镇化的减贫作用。

农业劳动生产率的估计系数在1%的水平上显著为负，表明农业劳动生产率对贫困发生率产生了显著的负向影响，即农业劳动生产率的提高对农村贫困的减缓作用十分显著。原因是提高劳动生产率能够显著提升当地农业生产能力，增加农村居民的农业产出和务农收入，促进农村社会经济发展，是实现农业现代化和农村地区持续发展的核心要素。近年来，随着工业化和城镇化的不断推进，大量廉价农村剩余劳动力向城市转移，为了加快农村农业快速发展、缩小城乡差距，我国各级政府不断加大对农村农业发展的投入力度，促进了农业的适度规模经营，农业劳动生产率也逐步提高；加之国家越发重视农村职业技术培训，投入大量人力和物力等加大对农业技术的扶持力度，从而显著增加了有知识的农村劳动力数量，提升了农业的生产效率，加快实现由传统农业向现代农业的全面转变，这也有助于降低农业生产成本、增强农业综合竞争能力，极大提高了农业生产的经济效益和农民的务农收入水平，进而减少农村贫困人口。

农村剩余劳动力转移的估计系数在10%的水平上显著为负，表明农村剩余劳动力转移与贫困发生率之间存在显著的负相关关系，即农村剩余劳动力的转移产生了明显的减贫效应。原因是改革开放以来大量廉价农村剩余劳动力从农村向城市、从农业向非农产业转移，获得了更多就业机会，大幅增加外出务工收入水平，有效减少了农村贫困人口。同时，大量农村剩余劳动力转移到城镇，使留在农村从事农业生产的劳动力大幅减少，"倒逼"农业生产方式的转变，进而显著促进了农业的规模经营以及农业劳动生产率的提高，加快了农业现代化进程，进一步优化了农村产业结构，极大缓解了农村贫困状况。此外，农村剩余劳动力向城镇和非农产业转移，也有助于拓宽农村居民的视野和旧观念的改变，吸引一部分在城市发展较为成功的农村居民返乡创业就业，这将为农村留守劳动力创造

# 第七章
## 我国农村公共服务供给减贫效应测度研究

更多就业,也会为农业发展带来更多机会,有助于优化农村发展环境,提高农村尤其是贫困地区的人力资本积累水平,从而能够创造更多渠道增加农村居民收入,对农村贫困也会起到减缓作用。

对外开放的估计系数不显著,且估计系数较小,表明我国对外开放对农村贫困的减缓作用并未充分显现出来。原因可能是近年来虽然我国实际利用外国直接投资和外贸进出口总额仍保持较大规模,对外经济联系也越发紧密,可以说对外开放在我国经济快速增长中扮演了极为重要的角色,是维持经济增长的重要因素,我国也得以继续保持全球货物贸易第一大国地位。然而,我国外贸依存度保持在较高水平,近年来实际利用的外商直接投资和外贸进出口也对我国社会经济发展具有重要的影响,但对国内就业的促进作用并不明显,因此,对外经济往来的密切和对外贸易规模的扩张并未给我国农村贫困人口创造更多中高收入就业机会和收入来源,在减贫过程中的作用相对较小。

综上所述,根据估计系数大小及其显著性可知,在影响贫困发生率的变量中农村公共服务供给的减贫效应最大,农业劳动生产率的减贫效应次之,产业结构和农村剩余劳动力转移的减贫效应位列第三和第四,而城镇化和对外开放的减贫效应并不显著,由此可以得出,在扶贫开发进入攻坚期后,脱贫攻坚任务仍较为艰巨,政府和社会各类经济主体应该更为重视农村公共服务建设,要增加农村公共服务的有效供给数量,提高其供给效率,优化其供给结构,着力改善农村贫困人口的生产生活条件;同时也要切实提高农业劳动生产率和促进贫困地区的产业结构优化升级,扎实推进精准扶贫和稳定脱贫工作,确保贫困地区的可持续发展和如期全面建成小康社会。

### 二 稳健性检验

虽然本节构建动态面板数据模型,采用两步系统广义矩估计法进行实证检验,有助于消除计量模型的内生性,且采取分步回归法能够提高估计结果的稳健性,但为了进一步验证基准模型估计结果的稳健性，本部分分别采用农村居民恩格尔系数（ENG）和农村居民人均纯收入（INC）作为贫困发生率的替代变量，进而仍然采用两步系统广义矩估计法对基准模型进行稳健性检验，结果如表7-4所示。其中，模型1和模型3对应的是农村公共服务供给影响农村居民恩格尔系数的估计结果，模型2和模型4对应的是农村公共服务供给影响农村居民人均纯收入的估计结果。由表7-4中自相关检验AR（1）、AR（2）的P值可知模型残差序列不存在二阶自相关，由Sargan检验的P值可知模型工具变量是合理有效的，从而表明本部分的估计结果较为理想。

表7-4　　　　　　　　　稳健性检验结果

|  | 模型1 | 模型2 | 模型3 | 模型4 |
| --- | --- | --- | --- | --- |
| L1. ENG | 0.683*** <br> (5.39) |  | 0.611*** <br> (12.33) |  |
| L1. INC |  | 0.039** <br> (2.45) |  | 0.583*** <br> (6.07) |
| RPS | -0.053*** <br> (-3.04) | 0.056*** <br> (6.50) | -0.041*** <br> (-4.19) | 0.023*** <br> (3.29) |
| INS |  |  | -0.044** <br> (-1.99) | 0.037** <br> (2.03) |
| URL |  |  | -0.005* <br> (-1.66) | 0.006 <br> (1.21) |
| ALP |  |  | -0.055*** <br> (-7.99) | 0.023*** <br> (3.41) |
| LAB |  |  | -0.017** <br> (-2.35) | 0.019*** <br> (3.66) |
| OPP |  |  | 0.011 <br> (1.23) | 0.006 <br> (0.61) |
| 常数项 | 1.136*** <br> (11.14) | 0.883*** <br> (10.36) | 1.076*** <br> (14.22) | 1.237*** <br> (9.05) |

# 第七章
## 我国农村公共服务供给减贫效应测度研究

续表

|  | 模型1 | 模型2 | 模型3 | 模型4 |
| --- | --- | --- | --- | --- |
| AR（1） | 0.0002 | 0.001 | 0.0001 | 0.001 |
| AR（2） | 0.264 | 0.154 | 0.155 | 0.086 |
| Sargan test | 0.432 | 0.656 | 0.537 | 0.726 |
| 观测值 | 120 | 120 | 120 | 120 |

注：（1）括号内为相应的 $z$ 值；（2）\*\*\*、\*\*、\*分别表示在1%、5%和10%的水平上显著。

由模型1和模型3可知，用农村居民恩格尔系数作为被解释变量的替代指标后，被解释变量的滞后一期值的估计系数仍显著为正，农村公共服务供给的估计系数仍然显著为负，表明农村公共服务供给与农村居民恩格尔系数之间存在显著的负相关关系，即农村公共服务供给效率的提高对农村贫困仍然产生了显著的负向影响，有效减少了农村贫困人口，即在减贫中发挥了积极作用。由模型2和模型4可知，采用农村居民人均纯收入作为被解释变量的替代指标后，被解释变量的滞后一期值的估计系数仍然显著为正，农村公共服务供给的估计系数显著为正，表明农村公共服务供给与农村居民人均纯收入之间存在显著的正相关关系，即农村公共服务供给效率的提高对农村居民人均纯收入的增加产生了促进作用，这也意味着农村公共服务供给效率的提高显著增加了农村居民的收入，大幅减少了农村贫困人口，进而产生了较为明显的减贫效应，在减贫过程中发挥着重要作用。控制变量中除城镇化的估计系数与基准模型的估计结果相比有所出入外，产业结构、农业劳动生产率、农村剩余劳动力转移和对外开放等变量的估计系数的大小和显著性没有发生较大的变化，对农村贫困的影响结果与基准模型的估计结果相比变化不大。

由此可知，替换被解释变量衡量指标的稳健性检验结果有力支持了本书的基本结论：农村公共服务供给效率的提高产生了显著的减贫效应，这表明本书基准模型的估计结果具有较高的稳健性。

## 第四节 不同类型农村公共服务供给的减贫效应比较分析

在实证检验农村公共服务供给的整体减贫效应以及甄别减贫效应主要影响因素的基础上,为了深入探究农村公共服务供给对贫困影响的异质性特征,本部分将农村公共服务划分为农村教育发展(EDE)、农村医疗卫生(MHC)、农村基础设施(INF)、农村文化设施(CUL)和农村社会保障(SOC)五大类,进一步检验上述五种类型农村公共服务供给的减贫效应,并根据估计系数的符号和大小对不同类型农村公共服务供给的减贫效应进行横向比较分析,以确定不同类型农村公共服务供给的优先次序,估计结果如表7-5所示。由表7-5的模型1—模型6的自相关检验AR(1)、AR(2)的P值可知模型残差序列不存在二阶自相关,由Sargan检验的P值可知模型所选择的工具变量是合理有效的,进而表明估计结果具有较高的稳健性。限于篇幅,本部分将汇报表7-5中的模型6的估计结果。

表7-5　　　　　　　计量模型回归结果

|  | 模型1 | 模型2 | 模型3 | 模型4 | 模型5 | 模型6 |
| --- | --- | --- | --- | --- | --- | --- |
| L1. RP | 0.651*** (16.23) | 0.846*** (13.62) | 0.522*** (10.75) | 0.643*** (8.39) | 0.597*** (9.64) | 0.486*** (10.07) |
| EDE | -0.029* (-1.89) |  |  |  |  | -0.021*** (-2.65) |
| MHC |  | -0.013*** (-4.07) |  |  |  | -0.017*** (-3.32) |
| INF |  |  | -0.151*** (-3.85) |  |  | -0.104** (-2.41) |

## 第七章 我国农村公共服务供给减贫效应测度研究

续表

|  | 模型1 | 模型2 | 模型3 | 模型4 | 模型5 | 模型6 |
|---|---|---|---|---|---|---|
| CUL |  |  |  | 0.021<br>(1.38) |  | 0.008<br>(0.89) |
| SOC |  |  |  |  | -0.005*<br>(1.78) | -0.004<br>(-1.61) |
| INS | -0.053**<br>(-2.36) | -0.017***<br>(-5.86) | -0.021***<br>(-4.23) | -0.032*<br>(-1.90) | -0.092*<br>(2.50) | -0.086***<br>(-4.10) |
| URL | -0.017<br>(-1.03) | 0.009<br>(1.23) | -0.001*<br>(-1.82) | 0.008<br>(1.08) | 0.004<br>(0.92) | -0.001<br>(-1.61) |
| ALP | -0.205***<br>(-2.78) | -0.161***<br>(3.15) | -0.038***<br>(-2.88) | -0.102*<br>(-1.67) | -0.113***<br>(-3.32) | -0.167***<br>(-9.15) |
| LAB | -0.017**<br>(-2.06) | -0.010*<br>(-1.90) | -0.022**<br>(-2.16) | -0.015**<br>(-1.99) | -0.001***<br>(-2.66) | -0.007***<br>(-4.02) |
| OPP | -0.003<br>(-0.50) | -0.003*<br>(-1.76) | -0.005<br>(-1.53) | -0.002<br>(-0.27) | -0.005<br>(-1.06) | 0.001<br>(0.80) |
| 常数项 | 0.819***<br>(5.61) | 1.631***<br>(9.62) | 1.297***<br>(4.82) | 0.755**<br>(2.39) | 1.143***<br>(7.14) | 1.350***<br>(13.02) |
| AR（1） | 0.168 | 0.001 | 0.002 | 0.001 | 0.0001 | 0.0001 |
| AR（2） | 0.221 | 0.195 | 0.617 | 0.407 | 0.206 | 0.204 |
| Sargan test | 0.219 | 0.308 | 0.582 | 0.231 | 0.617 | 0.586 |
| 观测值 | 120 | 120 | 120 | 120 | 120 | 120 |

注：（1）括号内为相应的 $z$ 值；（2）\*\*\*、\*\*、\*分别表示在1%、5%和10%的水平上显著。

由表7-5的模型6的估计结果可知，农村教育发展的估计系数为-0.021，且在1%的水平上显著为负，表明农村教育发展对贫困发生率产生显著的负向作用，即农村教育事业发展产生明显的减贫效应。农村教育是我国城乡教育体系的重要组成部分，在提高农村居民综合素质、促进农村社会经济持续发展中发挥极其关键的作用。可以说，发展农村教育事业、提高农村居民的素质、培养更多有文化和视野更开阔的高层次人才更是脱贫攻坚、乡村振兴的必然要求。众所周知，随着大批农村剩余劳动力转移到城市和非农产业，使得农村致富能人、农业科技人员、扶贫先进个人、优秀教育工作者等人力资源短缺，这也是造成我国农村贫困的一个重要因素。而人力资源的积累是社会经济持续稳定增长的决定性因素，也是农村贫困人口脱贫、增强其脱贫的内生动力。对此，为了切实减少农村贫困人口，近年来我国投入大量人力、物力和财力等扶贫资源，采取各种措施着力发展学前教育、九年义务教育、职业技能培训等农村教育事业，大幅提高了农村贫困人口的受教育水平及其综合素质，不仅极大改变了贫困人口的发展理念，拓宽了视野，拓展了发展思路，有效提升了农村贫困人口对新技术进行模仿和吸纳创新的能力；而且对于农村地区人力资源的积累和就业能力的提升也发挥了重要作用，显著提高了农村贫困人口的产出效率，大幅增加了农业产品，增强了其自我发展能力，进而也为农村贫困人口带来更多收入，缩小了城乡之间、农村贫困人口与非贫困人口之间的收入差距，有助于贫困人口脱贫，切实降低农户陷入贫困的概率和贫困发生率。

医疗卫生的估计系数为 -0.017，且在1%的水平上显著为负，表明农村医疗卫生与贫困发生率之间存在显著的负相关关系，即农村医疗卫生服务的改善产生了明显的扶贫减贫效应。健康体魄与脱贫致富紧密相关，在精准扶贫过程中，农村贫困人口是否拥有健康的身体是其能否稳定脱贫的基础。与城市相比，由于建设资金投入相对较少，我国农村地区的医疗卫生系统还不是很成熟，仅在行政村设立了卫生所，在乡镇行政中心建有乡镇卫生院，在卫生院和卫生所就诊的高水平医生数量较少，医疗卫生水平较低。同时，由于我国农村地区并未全部开通自来水，使农村地区有相当一部分家庭无法使用自来水，也没有冲水马桶等设施，导致农村居民的身体健康状况亟待改善，当然这也与农村地区社会保障制度有待健全有关。很显然，提高农村地区医疗卫生支出水平，完善农村医疗卫生

## 第七章 我国农村公共服务供给减贫效应测度研究

体系,将新型农村合作医疗等制度覆盖到更多农村人口,将能够极大改善农村地区尤其是贫困地区的生活环境和医疗卫生服务水平,有助于减轻贫困人口的医疗负担,防止"看病贵""看病难""因病致贫""因病返贫"等现象的发生,从而达到控制贫困发生率、农村中低收入人群返贫风险和降低可行性贫困发生概率的目的。同时,农村贫困地区医疗服务水平的提高,能够显著改善当地贫困人口的健康状况,降低其生病的概率,促进农村贫困地区的人力资本积累,提升贫困人口的自我发展能力和收入获取能力,为贫困人口脱贫致富提供基本保障,进而产生显著的减贫效果。

农村基础设施的估计系数为 -0.104,且在 5% 的水平上显著为负,这意味着农村基础设施建设对贫困发生率产生显著的负向作用,即农村基础设施状况的改善显著增强了农村贫困人口的基础设施可获得性,为农村贫困人口创造了更多就业机会,有利于减少农村贫困和实现更多农村贫困人口脱贫,这也与"要致富,先修路"的现实经验相符。农村基础设施的改善可以从两个方面对农村贫困产生作用:一方面,农田水利、交通运输、电力、饮水、物流、宽带网络等农村基础设施的建设有效提升了农村教育、医疗卫生、社会保障、文化设施等公共服务水平,增强了农村居民的获得感和幸福感,有力地促进了当地社会经济的持续快速增长,产生"涓滴效应",使农村贫困人口从基础设施建设所带来的经济增长中受益,从而直接增加了农村居民收入水平,极大地缓解了农村贫困。另一方面,改革开放以来,为了补齐农村基础设施"短板",在国民经济发展水平达到一定水平后,国家和地方各级政府坚持工业"反哺"农业、城市支持农村的方针,持续增加财政投入,使农村基础设施建设取得显著成效,大幅降低了农村生产要素、农产品和消费品的运输费用和交易成本,加快了城镇现代文明向农村辐射,有助于实现农村贫困地区各种稀缺资源的空间动态优化配置,加强农村地区生产部门和市场之间的紧密联系,拓宽了农产品的市场覆盖范围,有助于提高农村地区的资源配置效率和劳动生产率,促进农业生产的发展和提高农业生产效益,进而带动农村贫困地区社会经济持续发展。此外,农村基础设施状况的改善打造了农村与城市之间的便捷通道,能够为农村贫困人口提供更多的非农工作机会,推动更多农村居民从农业部门转移到非农业部门、从农村转移到城市,进而为增加农村居民尤其是农村贫困人口的收入创造了更多渠道,减少农村贫困人口规模,从而对农村减贫产生重要的正面影响。

农村社会保障的估计系数在10%的水平上接近显著为负,表明农村社会保障制度对贫困发生率产生较为显著的负向影响,即农村社会保障制度的完善大幅减少了农村贫困人口。由农村最低生活保障制度、新型农村合作医疗制度、农村养老保险制度、农村医疗救助制度、农村五保供养制度、自然灾害生活救助制度等构成的农村社会保障制度作为全国社会保障体系的重要组成部分,虽然还存在覆盖面窄、保障水平低、发展滞后、帮扶力度较小等诸多缺陷,但经过国家持续投入更多资金加大建设力度,农村社会保障制度逐步完善,在改善和提高全体农民的物质生活水平、减少农村贫困中发挥着"兜底"作用,为农村居民尤其是农村贫困人口提供了一系列的基本生活保障。随着我国农村社会保障支出的大幅增加,农村社会保障制度不断完善,极大地缓解了农民尤其是农村贫困人口的生活压力,使广大农村居民在生育、年老、工伤、疾病、失业、灾害及丧失劳动能力等情况下也能获得基本生活保障,极大减轻了农民的疾病负担,直接增加了农村贫困人口的相对收入和社会福利,从而有效发挥了其反贫困作用,降低了"因病致贫""因病返贫"等的风险。同时,农村社会保障制度的完善,保障形式的多样化,提高了农村居民的生活保障水平,有助于促进农村劳动力在城乡之间、不同产业之间的合理流动,推动了农村土地的适度规模经营,大幅增加了农民收入,也降低了我国贫困发生率。此外,农村社会保障制度的完善能够增加孤寡老人、残疾人、孕妇等弱势群体的社会福利,有助于维护农村社会的和谐稳定。但是,由于我国农村社会保障制度起步较晚,社会保障体系还需进一步完善,具体表现在其覆盖率、保障水平有待提高以及社会保障水平不平衡等方面，因此，农村社会保障制度的减贫效应还需要加强。

农村文化设施的估计系数为正，但不显著，表明农村文化设施和文化事业对农村贫困并未产生明显的负向影响。农村文化建设是促进农村社会经济发展、推动乡村振兴战略的内在动力。近年来，虽然我国更为重视农村文化事业发展，加大农村文化设施建设力度，在综合文化站、农家书屋数字化、农村文化广场、文化大院、健身设施等农村文化设施建设方面取得了显著成效，农村文化事业保持了较快发展步伐，极大服务了农村居民的文化生活。然而，由于历史欠账多、体系化程度不高，公共文化服务供给资金短缺，相关财政投入仍不足，使我国农村文化设施的管理机制不健全，农村文化服务体系建设起点低、基础薄弱、利用率低、保障乏力、活动开展少且单一，农村文化设施建设在数量、质量以及投入强度上与城市相比，仍存在较大差距，导致农村居民参与公共文化活动的积极性和满意度不高；加之城乡之间、区域之间的公共服务均等化程度不高，导致我国尤其是中西部欠发达地区的公共文化设施建设难以充分满足农村地区贫困人口的文化需求，未能显著提高我国农村贫困人口的科学文化素质和公共文化发展能力，在减贫脱贫上的积极作用尚未凸显。

综上所述，从实证结果可以看出，农村公共服务供给的整体减贫效应较为显著，但也存在明显的结构差异，主要表现在教育事业、医疗卫生、基础设施、文化设施和社会保障的减贫效应的不一致。其中，农村基础教育、农村公共医疗卫生和农村基础设施的内在"造血"的赋能扶贫效应更为明显，有效减少了农村贫困人口，促进了农村文化振兴，其减贫效应与理论分析相一致；农村社会保障制度的减贫效应接近显著，在减少农村贫困过程中产生了一定的积极作用，而农村文化设施的减贫效应则并不明显，未能有效减少农村贫困人口。从上述五种不同类型农村公共服务供给的估计系数值进一步分析发现，农村基础设施的减贫效应最大，教育事业发展的减贫效应次之，医疗卫生的减贫效应最小，上述估计结果为更有针对性地供给农村公共服务提供了理论依据，有助于切实提高农村公共服务供给的减贫效应。

## 第五节 本章小结

党的十九大把精准扶贫作为决胜全面建成小康社会的三大攻坚战之一，聚焦深度贫困地区和特殊贫困群体，加大脱贫攻坚力度，巩固脱贫成果，增强贫困群众的内生脱贫动力和自我发展能力。当前，我国扶贫开发工作已进入脱贫攻坚期，全国还有 500 多万农村贫困人口需要脱贫，还有 10% 左右的贫困县尚未摘帽，脱贫任务仍然十分艰巨，尤其是一些深度贫困地区还面临产业基础薄弱、致贫原因复杂、发展严重滞后、脱贫内生动力较弱、公共服务供给不足等突出问题，更需要高度重视和充分发挥产业发展、扩大就业、职业培训、异地搬迁、生态环境治理、公共服务供给等在精准扶贫中的重要作用。其中，农村公共服务供给是农村贫困人口稳定脱贫的基础，也是打赢脱贫攻坚战的重要保障，切实改善农村地区公共服务供给质量、优化农村公共服务供给结构、摸清农村贫困户对公共服务的需求底数、探究农村公共服务供给的减贫效应与精准对接供给是农村贫困地区有效减少贫困、防止返贫和稳定脱贫的重要途径，在扶贫攻坚战中发挥着极其重要的作用。

本部分首先介绍了本章节所采用的研究方法，主要有测度农村贫困程度的贫困发生率、恩格尔系数法、收入比例法、FGT 贫困指数和马丁法等，以及实证检验农村公共服务供给的减贫效应的两步系统广义矩估计法。在此基础上，考虑到数据可得性，选择我国 2011—2016 年 24 个省（区、市）组成的面板数据进行实证检验，研究结果发现：①贫困发生率与农村公共服务供给之间存在显著的负相关关系，意味着我国农村公共服务供给效率的提高产生了明显的减贫效应，切实减少了农村贫困人口。控制变量中，产业结构、农业劳动生产率和农村剩余劳动力转移的估计系数显著为负，表明这些变量均产生了十分显著的减贫效应，而城镇化和对外开放的减贫效应不显著；从估计系数来看，农村公共服务供给的减贫效应最大，农业劳动生产率和产业结构的减贫效应分别位居第二和第三。②将农村公共服务供给细分为教育发展、医疗卫生、基础设施、文化设施和社会保障五种不同类型进行实证研究，进一步分析发现，农村公共医疗卫生、农村教育事业发展和农村基础设施等农村公共服务的内在"造血"的赋能式扶贫开发效果更为明显，在减贫增收中发挥着重要作用，有效减少了农村贫困人口规模，其减贫效应与理论分析相一致；农村社会保障制度的减贫效应接近显著，而农村文化设施的减贫效应并不明显。从不同类型农村公共服务供给的估计系数进一步研究发现，农村基础设施的减贫效应最大，教育事业发展的减贫效应次之，医疗卫生的减贫效应最小。

# 第八章

# 我国农村公共服务供给的减贫效应提升对策研究

## 第一节 问题的提出

"贫与贱,是人之所恶也。"贫困不仅使人们的物质生活惨淡无光,还使人们的精神世界黯然失色。贫困是一个古老而沉重的话题,也是一个世界性难题。近年来全球经济稳步增长,居民财富大幅增加,生活幸福指数逐年提高,贫困发生率也显著降低,但消除贫困仍然是人类需要破解的重大难题;一些发展中国家尤其是亚非地区的一些国家,虽然社会经济也获得较快发展,整个社会的财富总量大幅增加,人均国内生产总值也有了较快增长,但其贫困程度反而在逐年提升,贫困状况不容乐观。我国作为世界上最大的发展中国家,也是贫困问题比较突出的国家。若以乡村户籍人口作为推算对象,1978年年末我国农村贫困人口总量达到7.7亿,农村贫困发生率约为97.5%,大部分农村居民收入水平极低,还处于高度贫困状态。改革开放以来,我国通过实施大规模扶贫开发,围绕脱贫减贫制定并实施了一系列政策措施,使7亿多农村贫困人口成功脱贫,从普遍贫困走向整体消除绝对贫困,扶贫开发成就举世瞩目,

# 第八章
## 我国农村公共服务供给的减贫效应提升对策研究

创造了人类减贫史奇迹。2019年，我国各地区各部门认真贯彻精准扶贫方略，出台了一系列行之有效的扶贫措施继续扎实推进脱贫攻坚工作，扶贫工作力度、深度都达到了新的水平，全国农村贫困人口继续大幅减少，贫困发生率显著下降，贫困县和贫困村的数量持续减少。2019年年末全国农村贫困人口降为551万人，比上年末减少1109万人，下降达66.8个百分点；贫困发生率降为0.6%，比上年下降1.1个百分点；整体贫困和区域贫困的治理也取得了显著成就。

与世界上其他国家相比，尽管我国扶贫开发工作取得了巨大成就，但随着扶贫开发进入攻坚阶段，开发式扶贫的绩效也在不断降低，减贫难度不断加大，脱贫效果不稳定，深度贫困地区的脱贫问题以及农村居民"因病返贫""因病致贫"等老大难问题仍然存在。很显然，上述问题表明我国各级政府的传统扶贫治理方式的效果已经十分有限，现有扶贫模式面临新的挑战，扶贫模式需要创新，扶贫效应亟待提升，亟须寻找农村贫困人口稳定脱贫的新的突破点。而在影响精准扶贫、稳定脱贫成效的众多因素中，农村公共服务作为精准扶贫的基础和重要助推器，其供给滞后、供给结构不优已成为脱贫攻坚阶段剩余农村贫困人口难以脱贫和返贫的重要因素。

## 第二节 提升我国农村公共服务供给减贫效应的对策建议

农村公共服务是准公共产品，具有很强的公益性质，是为全体农村居民提供公共福利的资源配置活动，也是各级政府供给公共服务的最基本要求。本书的理论研究和实证研究为政府有效供给农村公共服务、提升公共服务供给在减少农村贫困中的积极作用提供了理论参考和现实依据。为了优化农村公共服务的供给结构、更好地发挥农村公共服务供给的减贫效应，进而实现贫困地区农村居民的精准脱贫和稳定脱贫,打好精准脱贫攻坚战,如期全面建成小康社会,本部分根据各个不同类型农村公共服务是否产生了显著的减贫效应,在减贫政策框架设计中融入农村公共服务供给,根据不同时期的政策目标、贫困程度和减贫要求,从扩大农村公共服务供给规模、提高农村公共服务供给效率、提升农村公共服务供给的减贫效应的角度提出相关政策建议。

## 一 大力发展农村教育事业,增强脱贫内生动力

教育对农村居民收入水平有直接影响,教育机会的缺失是导致农村居民陷入贫困,且脱贫内生动力不足的重要原因。各级政府作为农村教育事业的主要建设者,应安排更多公共财政支出用于发展农村贫困人口的教育事业,改善农村贫困地区的教育条件,为贫困人口创造更多的受教育机会,提高农村教育公平程度与农村居民受教育程度,进而提高农村贫困人口的收入获取能力。若要发展农村教育事业,提高农村居民的受教育程度,需要各级政府尤其是贫困地区的政府在制定扶贫政策时将其掌握的人力、财力、技术等资源向农村教育领域倾斜,投入到农村教育事业当中。众所周知,教育落后、教育机会缺失、教育机会不公平是造成贫困人口致贫、返贫以及难以脱贫的关键因素,也制约着农村贫困人口脱贫内生动力的增强,因此,在精准扶贫过程中,若不能采取有力措施提高贫困地区的教育质量与贫困人口的受教育水平,改变其落后的生产生活方式,则必将造成家庭贫困的恶性循环。

### (一) 多渠道筹集农村教育事业发展资金

长期以来,我国农村贫困地区因县乡级政府的财政支出能力较弱以及国家投入的相对不足,在幼儿园、小学、初中等农村基础教育投入方面与发达地区还存在较大差距,也难以充分满足当地社会经济发展的教育需求,不利于提高农村居民素质。对此,国家应该给予财政支付能力较弱的、贫困人口占比较高的省区特别是深度贫困地区更多的财政补贴,在安排转移支付时给予适当的倾斜,切实增强供给农村基础教育的能力,提高当地居民的受教育程度,逐渐

缩小城乡之间以及与发达地区之间的教育差距。在加大中央及省市级政府的教育事业费支出的同时，县乡一级政府应拓宽农村教育发展的筹资渠道，鼓励社团、企业和个人等非政府主体参与到农村教育事业中，通过捐款、设立发展基金等多种方式筹集社会资金，拓展建设资金来源，例如可以采取政府财政投入和社会捐赠相结合的形式，在社会捐赠资金基础上建立"农村教育发展基金"等，拓宽农村教育建设资金来源，以满足农村教育事业发展的资金需求。此外，在安排农村教育经费时，可以将一部分农村教育扶贫资金向贫困地区和贫困家庭的学生倾斜，拓宽农村基础教育覆盖范围，以确保所有农村贫困学生能够获得相应的教育资助，提高农村地区受教育机会，提升教育扶贫的成效。

（二）持续改善贫困地区基本办学条件

办学条件与教育发展紧密相关，要促进农村教育事业发展必须要切实改善当地办学条件。根据贫困地区社会经济发展的实际情况，我国中央和地方各级政府应充分保障适当的财政资金投入，尤其是要增加贫困地区的办学资金投入，优化农村中小学的合理布局，特别是要加强那些的确需要保留的偏远地区的农村小规模学校以及寄宿制学校的建设，充分保障其教学活动的正常开展；妥善解决城镇学校的大班额问题，增加农村贫困地区儿童的受教育机会，稳步提升农村贫困地区儿童受教育质量与增加接受教育机会，避免贫困的代际传递。同时，各级政府应投入足额财政经费，着力推进标准化和寄宿制学校建设，提高寄宿制学校的办学标准，改善学生住宿条件和优化学习环境，方便贫困地区学生就近上学，从而为农村儿童提供更多就学机会。此外，应着力加大财政资金投入，继续实施面向农村中小学生的营养改善计划，提高农村地区学生的身体素质，努力缩小城乡之间、农村内部之间的教育差距。

（三）加强农村教育的师资队伍建设

师资队伍建设是提高教育质量、推动教育事业持续健康发展的基础。当前我国农村地区尤其是一些偏远农村贫困地区的教师队伍参差不齐，优秀教师流失现象较为普遍，导致教师队伍的整体素质亟待提高。为了促进贫困地区中小学师资队伍建设，可以从如下三个方面着手：一是加大农村教师培训的投入力度。依托省级政府的财政投入，建立合理的教师培训机制以及乡村教师补充机制，健全乡村教师流动制度，全面落实乡村教师的基本生活补助政策。二是根据每个贫困村不同的学校环境以及当地对优秀教师的不同需求，制定实施相应的增加教师福利的优惠政策，着力改善乡村教师的生活工作环境，增加进修机会和职称晋升机会，想方设法提高这些乡村教师的基本工资、改善居住条件等；在留住现有教师的同时，制定实施符合农村贫困地区社会经济发展实际需要的教师引进政策，确保贫困地区能够引进更多优秀人才，壮大贫困地区的教师队伍。三是采取有效措施留住优秀乡村教师。贫困地区教育部门应大力推进实施乡村教师支持计划，加强对乡村学校教职工的人文关怀，努力提高乡村教师的社会地位和乡村教师岗位的吸引力，确保引进教师和原有在岗教师的待遇足额、如期兑现，为贫困地区留住优秀教师，并进一步扩大乡村教师队伍，提高农村贫困地区的教育质量，使得更多农村孩子可以享受到高质量的农村教育。

**二 加强农村基础设施建设，筑牢扶贫攻坚基础**

长期以来，由于我国各级政府具有发展城市的偏向，各种财力、物力、项目等资源向城市建设倾斜，加快城市社会经济发展，造成我国农村农业发展过程中资本积累相对较少，更多资本流向工业部门，导致农村地区财政自给能力偏弱，依靠自身财政实力无法满足桥梁、道路等基础设施建设领域的资金需求，需要中央和地方各级政府加大财政投入，多渠道筹措建设资金，向具有全域性、普遍性、全覆盖特征的基础设施项目倾斜，努力改善农村生产生活条件，进一步优化农村农业发展的内外部环境。

（一）制订科学合理的农村基础设施建设规划

道路、桥梁等农村基础设施建设需要投入大规模资金，且建设周期较长，因此，在供给农村基础设施之前，需要邀请专业人士制订科学合理的建设规划。农村基础设施建设规划可以确定建设的数量、重点、模式以及投入的人力物力等。在具体建设中,一是要进一步完善农村基础设施建设的法律法规体系,严格执法,在法律上明确规定农村基础设施建设的标准、验收机制、管理体制等,做到有法可依、有法必依、违法必究,以提高农村基础设施建设的标准和质量,力争用法律法规保障农村基础设施的建设,提升基础设施对当地社会经济发展的带动作用。二是根据当地社会经济发展情况,并结合当地农村基础设施建设中存在的短板以及广大农村居民对农村基础设施的需求特征,制订合理发展规划,明确建设重点、建设数量、建设周期、建设主体等,循序推进我国农村基础设施建设,夯实农村社会经济持续稳定发展的基础。

(二) 保障农村基础设施建设的资金需求

农村基础设施包括乡村公路、桥梁、农田水利设施、农业机械化、农产品物流设施、垃圾处理设施等,是由不同类型农村基础设施组成的庞大系统,需要投入大规模的建设资金。在农村基础设施建设过程中,地方各级政府作为主要建设者,除承担建设的主体责任外,还需要构建农村基础设施建设的多元化投融资格局,健全投入长效机制,以满足农村基础设施建设的庞大资金需求。具体做法有:一是中央和地方各级政府要加大对农村道路、桥梁等具有重要"正向溢出效应"的基础设施项目的财政投入,包括中央对地方的转移支付、财政补贴等,满足各地农村基础设施建设的资金需求。二是要充分发挥政府投资的引导和撬动作用,整合各相关渠道下达的资金,统筹地方政府的土地出让收益等预算外收入,采取各种灵活方式支持农村基础设施建设,加快农村基础设施建设步伐,如采取提供免费建筑材料、先建后补、财政补贴、鼓励农村自筹自建等方式。三是创新农村基础设施建设和运营管理模式。尝试采取政府购买社会化服务,鼓励农户、企业、社会团体、金融机构等社会力量参与到农村基础设施建设当中,创新农村基础设施建设和运营模式,保障建设者的基本权益,进而增加农村基础设施供应量,积极发挥其对农村社会经济发展的促进作用。

(三) 突出农村基础设施建设重点领域

明确农村基础设施建设的重点，有助于提高农村基础设施建设资金的使用效率，加快农村基础设施的建设速度。具体而言，一是若要彻底解决农村贫困地区尤其是深度贫困地区的对外通道问题，提升贫困地区对外经济往来的便捷度，需要各级政府大力支持农村电网、农村公路、桥梁等公共基础设施建设，加速推进深度贫困地区的交通项目建设，从而有效降低要素和农产品的流通成本，加快实现农村地区尤其是深度贫困地区的网络全覆盖。二是加快贫困地区农田水利工程建设。除加大道路、桥梁等农村基础设施建设外，还要着力增加贫困地区农田水利工程建设项目的资金投入，加强水源和节水改造工程以及农村饮水工程建设，改善农业生产和农村生活条件，保障农业生产活动的正常开展，切实增加农村居民的幸福感。三是保护和改善农村生态环境。农村生态环境与当地村民的生活质量息息相关。为了完善农村发展环境，需要优先安排深度贫困地区退耕还林还草任务，加快推进农村地区的沼气、天然气等新能源的普及，建设更多生活垃圾和生活污水的处理设施，减少生活垃圾和污水的排放，改善农村地区尤其是深度贫困地区的生态环境状况，进一步优化农村地区的生活环境，提高农村居民的幸福感和获得感，促进农村社会和谐发展。

(四) 优化农村基础设施管理体制

建设与管理相辅相成。近年来国家大力推动农村基础设施建设，供给数量和质量大幅提高，但还需要建立健全管理体制，通过加强监督管理，提高农村基础设施的管理效率，延长农村基础设施的使用寿命。健全农村基础设施管理和运营体制，需要从以下四个方面着手：一是逐步推进农村基础设施的产权改革，试点引入社会力量参与道路、桥梁、农田水利设施、农业机械设备等农村基础设施建设，并根据建设责任的承担者确定农村基础设施运营维护主体以及受益方，保障参与建设的社会力量的基本权益。二是出台相关政策措施,理顺农村农田水利设施、污水和生活垃圾处理设施、农村电网等基础设施的管理体制,提高农村基础设施运营效率。三是完善农村基础设施的建设养护机制。通过将养护经费统一纳入一般公共财政预算、强化"建养一体化",拓宽养护经费的筹资渠道,从而解决建设资金不足的问题。四是健全监督管理体制。除委托专业机构全程监管农村基础设施建设外,也要邀请具有资质的相关机构对农村基础设施进行验收,确保所建设的农村基础设施符合要求。同时,为了维护好农村基础设施,还需要建立农村基础设施的定期养护制度,安排相关专业人士和当地村民等对其进行养护。此外,在地方政府的政绩考核中应适当提高当地农村基础设施建设和养护指标的比重,督促地方政府加强对农村基础设施建设、运营等过程的监管,提高管理和养护的力度,延长农村基础设施的使用寿命。

### 三 完善农村医疗服务体系,提升医疗服务水平

完善农村医疗服务体系是提高农村地区尤其是贫困人口获得医疗服务的可及性和身体健康水平的重要保障,也是缩小城乡公共医疗服务差距、实现城乡医疗卫生服务一体化和促进农村社会经济持续健康发展的关键举措。同时,农村医疗体系的完善也是增强贫困人口的自我发展能力,降低贫困人口就医的经济负担,提高贫困人口预防疾病能力,避免农村贫困人口"看病贵""看病难"以及"因病致贫""因病返贫"等问题的关键。

#### (一) 医疗资源向农村贫困群体倾斜

由于农村人口规模庞大,若要建立健全农村医疗卫生服务体系需要投入巨额资金,单纯依靠农村居民或乡镇一级政府难以负担得起,因此,农村医疗卫生服务体系的建设需要县级以上各级政府提供足够的财政资金支持。在建设农村公共医疗卫生体系过程中,各级政府应重点加强对暂时或者永久性失去劳动能力以及由于各种原因导致生活困难的农村贫困人口进行医疗救助的财政投入,且由政府负担这一部分贫困群体参加农村地区农村最低生活保障制度、新型农村合作医疗、新型农村养老保险、农村特困人员救助供养和灾

害救助等农村社会保障制度的应缴金额,从而将医疗资源向农村贫困人口适度倾斜,扩大农村社会救助的覆盖面,减轻农村贫困人口的医疗负担,增加农村居民的幸福感。同时,积极发挥中国红十字会、基金会等社会组织、慈善机构在农村医疗卫生服务体系构建中的积极作用,鼓励这些社会组织加大对农村居民尤其是农村贫困人口的医疗救助力度,进一步扩大农村公共医疗救助范围,切实减轻农村贫困人口的就医负担,提高身体健康水平,让更多农村贫困人口享受到农村社会保障制度带来的福利,增加这一群体的幸福感和获得感。

(二) 完善农村医疗卫生保障制度

长期以来,由于我国在农村社会保障制度建设中的投入相对不足,加之我国农村居民收入水平偏低,使农村医疗卫生保障制度亟待健全,且该制度的覆盖面有待扩大,这也导致广大农村居民医疗负担较重,普遍面临"看病难""看病贵"等问题,尤其是遇到大病、重病和怪病时,更容易陷入"因病致贫""因病返贫"的不利局面。为了切实减轻农村贫困人口的看病就医负担,中央和地方各级政府在现有新型农村合作医疗制度的基础上,需要通过进一步完善农村医疗救助、疾病应急救助、大病保险等制度,发挥商业保险的积极作用,加大商业保险覆盖面,实现商业保险与社会保险的无缝对接,增强农村居民尤其是农村贫困人口抵抗疾病、防治疾病的能力,着力提升其健康水平。同时,在完善现有农村社会保障制度的基础上,应根据不同地区社会经济发展水平和公共卫生体系的建设情况,结合农村居民自身的收入水平,尝试建立大病筹资模式,增强农村居民尤其是部分贫困人口的大病、重病风险防控能力,确保农村贫困人口"看得起病、治得好病",杜绝"因病致贫、因病返贫"现象的产生,最终解决农民就医难的问题,提升健康脱贫兜底保障水平。

(三) 提高农村医疗服务水平

农村居民的身体健康得不到保障,就难以根本解决"三农"问题。受投入经费不足的限制，我国一些落后省份的基层医疗机构的设施较为匮乏，尤其是卫生院、卫生室等乡镇一级医疗机构的基本设施更为缺乏，极大地制约了农村医疗服务供给水平的提高，也不利于提高农民的身体健康水平。对此，在维护各级政府在建设农村医疗服务中的主导作用、增加各级政府财政投入的同时，应逐步引入市场机制，拓宽融资筹资渠道，积极发挥市场机制在配置资源中的积极作用，以加强乡镇卫生院以及村卫生室的建设，增加先进医疗设备数量，引进更多的优质医疗卫生人员，从而进一步完善农村医疗卫生服务体系。同时，通过推动城市优质医疗资源下乡活动，鼓励更多城市医护人员到卫生院等乡村医疗机构坐诊，优化城乡医疗资源的供给结构，大大提升农村地区的医疗服务水平。此外，还要加大乡村医生培训力度，提高乡村医生的诊断能力和专业技术水平，使农村居民尤其是贫困人口能够方便看病、看得起病和看得好病。

（四）加强对农村贫困人口健康干预

贫困人口的健康问题事关农村地区社会经济的可持续发展，与当地生态环境紧密相关。在精准扶贫过程中，各级政府不仅要加大农村社会保障制度建设的投入，还应加大农村地区生态环境的治理力度，增加农村地区的生活垃圾和生活污水处理设施的供给，着力改善农村生活生产环境，保护好农村地区的绿水青山，降低农村居民感染疾病的概率，提高农村贫困人口的身体健康水平，增强收入获取能力。同时，在农村地区大力推广健康教育活动，普及健康卫生知识，引导农村居民树立自我健康意识，提高对健康生活方式的认识，消除不良生活习惯的不利影响，进而逐步形成健康、良好、卫生的行为方式和生活习惯，让更多贫困人口远离疾病，提高贫困人口的身体素质。

四 加强文化设施减贫作用，全面改变农村面貌

当前，我国扶贫开发工作进入了脱贫攻坚期，需要高度重视文化扶贫的战略性作用，这就要求我国各级政府要高度关注农村贫困

群体和低收入群体的文化权益，增加农村文化设施，促进农村文化事业的持续快速发展，最大限度满足农村地区尤其是贫困地区日益增长的高标准、方便快捷的各类文化需求，提升农村文化设施的扶贫成效。具体而言，各地政府部门应结合当地社会经济发展的实际情况以及当地农村居民对文化的需求，制定出台兼具地方特色的文化发展措施，全面促进文化事业的发展。

（一）坚持文化资源利用和保护并举

在推行文化扶贫、发展壮大地区特色文化产业过程中，各地应结合本地区的文化资源特征，邀请高校或科研院所的知名专家制定文化产业发展规划，出台详细的文化扶贫措施，开发具有地域特色、有较大影响力的文化产品或知名文化品牌，提升文化扶贫效应。其中，在文化扶贫过程中，要注意保护和开发的有机统一，对于贫困地区那些不适宜开发的、急需保护的文化遗产，当地政府应投入足够资金加强这些文化遗产的保护工作，进一步发扬其传承中华文化的基本功能，避免过度的商业开发，使其更好地传承下去；而对于贫困地区那些适宜进行开发、兼具一定地方特色的文化遗产，始终要在持久传承的基础上进行适度开发，培育具有地方特色的文化产业，以带动地方经济持续发展，提高当地贫困人口的收入水平，减少农村贫困人口，从而进一步推动扶贫事业发展。

（二）构建文化可持续发展系统

对于农村贫困地区而言，应依托当地特色文化旅游资源，充分利用本土文化促进特色文化产业发展，因地制宜打造特色文化产业品牌，进一步优化当地的产业结构，进而显著增强农村贫困人口的创造潜力，提升其自我发展能力和脱贫的内生动力，增加农村居民收入，助力贫困人口脱贫。同时，贫困地区应突破传统扶贫手段单一、扶贫新模式效果不大、扶贫手段脱离当地社会经济发展实际等弊端，避免毫无节制地开发当地自然资源和文化资源，在开展文化扶贫开发工作中要遵循科学、合理、生态、绿色、环保等基本原则，协调好生态环境保护与文化资源开发利用的关系，积极寻求扶贫脱贫与传统文化的保护开发以及扶贫脱贫与生态环境保护的最佳平衡点，构建具有地方特色的文化可持续发展系统，进一步凸显文化设施和文化事业在稳定脱贫中的积极作用。

（三）设立文化扶贫专项资金

要提升文化扶贫的成效需要满足其资金需求，确保建设资金的足额到位。在文化扶贫过程中，为了满足农村贫困地区提供文化设施和推进文化扶贫的资金需要，地方各级政府需要采取如下措施：一是加大扶持力度。县级以上各级政府应投入专项财政扶持资金用于支持贫困地区的文化基础设施建设，将一些具有地方特色的文化产业纳入文化扶贫重点项目，以促进文化产业持续健康发展，带动更多农村贫困人口脱贫，从而提升文化扶贫效果。二是拓宽融资渠道。应适度引入不同类型文化扶贫的融资模式，创新文化金融新产品，积极吸引企业、社团等社会力量在文化扶贫工作中投入更多资金。在加强监管的同时，应适当放宽准入条件，允许个人、企业、社团等非政府经济主体进入文化产业发展领域，培育壮大更多有地方特色的文化产业，增强其辐射效应，带动地方社会经济发展，提高当地农村贫困人口收入水平。三是加强文化产业发展绩效考核。为了构建文化扶贫的长效机制，各级政府在地方官员的绩效考核上应采取针对性的措施，将文化扶贫工作开展情况及其成效纳入政绩考核指标体系，努力提高地方特色文化产业发展及其扶贫绩效指标在考核指标体系中的权重，增强地方政府官员促进文化产业发展、提升文化产业扶贫成效的主动性。

### 五 健全农村社会保障制度，提高社会保障水平

农村社会保障制度作为我国社会保障制度的重要组成部分，已成为当前农村社会稳定发展的客观需要。改革开放以来，由于政府重视程度不高，农村社会保障制度的缺失严重制约了农村社会经济的可持续发展。近年来，我国中央和地方各级政府高度重视农村社会保障制度建设，投入大量人力、物力和财力等资源用于农村社会保障制度建设，使农村社会保障制度更加健全，在保障农村地区贫

困人口的基本生活、缓解社会风险、缩小城乡收入差距、保障和改善民生、维护农村稳定、加快贫困人口稳定脱贫等方面发挥了重要作用，进而促进了农村社会经济的稳定健康发展。

(一) 继续实施社会服务兜底工程

社会服务兜底工程事关社会兜底保障能力与基本公共服务均等化的实现，与弱势特殊群体的切身利益息息相关。当前，弱势特殊群体需要国家投入更多资源加以关怀，而继续实施社会服务兜底工程则是施加关怀的重要环节。具体而言，应完善养老服务体系、社会福利服务体系和残疾人服务体系等相关体系的建设，加快建设为孤寡老年人、孤儿、残疾人、精神障碍患者等弱势特殊群体提供服务的设施，如赡养院、救助站、老年养护院等，提高社会服务供给水平，切实改善弱势特殊群体的基本生活条件，为他们提供最基本的生活保障；同时，积极完善农村低保制度和救助制度等，健全农村低保对象的认定方法，将那些不具有完全劳动能力或丧失部分劳动能力的贫困人口纳入低保范围，为其提供更多的智力支持，增强其脱贫能力。

(二) 鼓励社会力量参与农村社会保障制度建设

为了健全农村社会保障制度，扩大其覆盖面，让更多人享受到该制度带来的福利，在继续发挥政府主导作用的同时，应拓展建设渠道，鼓励社会力量从不同渠道参与到农村社会保障制度的建设中。一是中央政府和地方各级政府继续发挥农村社会保障制度建设的主导作用，根据自身的财政支付能力加大财政投入力度，确保农村低保、"新农保"、"新农合"、农村医疗救助制度等农村社会保障制度的资金需求，并进一步优化农村社会保障制度建设的资金供应结构，将更多资源向农村弱势或困难群体倾斜，减轻这一群体的社会负担，进而增强农村贫困人口的脱贫能力。二是要适度引入市场机制，积极发挥个人、企业、协会等社会力量在农村社会保障制度建设中的作用。众所周知，市场机制在资源配置中发挥着越来越重要的作用，而在农村社会保障制度建设过程中，同样应重视市场机制在社会保障领域的资源配置中的积极作用,大力鼓励个人、民间团体、慈善机构等社会力量参与到农村社会保障制度建设中,并投资于农村社会保障制度建设,拓宽投融资渠道,缓解建设资金压力,逐步建立起农村社会保障的多元供给主体,进而提升农村社会保障制度的减贫效果。

(三) 积极探索多元化精准扶贫项目

农村社会保障制度主要通过为农村居民尤其是农村贫困人口提供各种支持政策,减轻其医疗、养老、生育等负担,使其能够全身心地参与到稳定脱贫过程中来,但社会保障制度提供的各种支持政策也容易导致受助对象的主动脱贫意识不强,产生对农村社会保障制度的依赖,从而降低农村贫困人口脱贫的积极性和主动性。为提高贫困人口的主动脱贫意识,增强其内生脱贫动力,应根据不同地区的贫困群体的需求积极探索多元化精准扶贫项目,让更多贫困人口参与到扶贫项目中,切实提升精准扶贫效果。例如,可以围绕"工作福利"引入开发人力资本潜力的社会保障项目,适度借鉴国内外尤其是欧美发达国家和地区社会保障制度的扶贫经验,以工作时间换取对应的社会福利,进而降低农村贫困人口对国家扶贫资源的依赖程度,支持其通过自身积极努力享受到农村社会保障政策的福利,提升社会保障的扶贫成效。

(四) 建立健全监管机制

农村社会保障制度的运行绩效及其扶贫成效的大小与监督管理机制紧密相关。加强对农村社会保障制度运行的监督管理能够有效防止社会保障领域的扶贫资源的低效利用以及"寻租"、腐败等问题的发生,从而提高农村社会保障政策的扶贫成效,有助于促进社会保障制度的进一步完善。具体可以采取如下三种措施:一是着力完善社会保障领域的法律法规体系,严格规范农村社会保障资源的获得、使用、投资管理等,提高农村社会保障资金使用效率,并成立专门机构进行全程监管,做到有法可依、有法必依、违法必究。二是定期向全社会公开农村社会保障资金的使用情况及投资情况,采取透明化管理，提高农村社会保障资金的使用效率，维护广大投保人的根本权益。三是责任到人，做到谁管理谁负责，明确农村社会保障资金的使用范围，避免管理人员将农村社会保障资金挪作他用，减少"寻租"环节。此外，也要发挥社会监督作用，鼓励新闻媒体等对农村社会保障资金进行监督，提高资金使用效率。

**六　推动供给模式优化创新，着力增加有效供给**

在切实增加农村公共服务供给数量、优化农村公共服务供需结构的同时，也要始终坚持创新农村公共服务的供给模式，着力提升农村贫困地区公共服务的供给水平与供给效率，加快实现城乡公共服务均等化，夯实精准扶贫和稳定脱贫的内生动力。为了提高农村公共服务供给质量和水平，针对我国农村公共服务的供需结构失衡、农村公共服务供给呈现非均衡化、农村公共服务的供给主体错位与渠道单一等现状，以及农村公共服务的政府单一供给所带来的较大财政支出压力和低效率等问题，中央和地方各级政府可以尝试转变农村公共服务供给方式，从传统的国家单独供给模式向农村公共服务市场化与社会化的方向逐渐转变，形成以政府供给为主、以市场与社会供给为辅的多元化的供给模式，鼓励个人、企业、协会等非政府组织参与到农村公共服务的供给中，着力构建符合我国国情的、具有中国特色的一主多元供给模式，提高农村公共服务供给效率和优化供需结构。在农村社会经济发展过程中，这种一主多元化的供给模式是解决农村公共服务供给中出现的诸多症结、建立多元化的农村公共服务协同供给机制、满足农村居民对多层次社会服务需求的重要途径。

在农村公共服务供给过程中，与由各级政府单独主导农村公共服务供给模式不同的是，一主多元化的供给模式特别强调多元主体在农村公共服务供给中要根据其公共属性和政治属性的要求，结合自身供给能力，在确保不同主体联合的同时，突出政府在农村公共服务供给中的主导地位，在建设重点、建设资金投入、建设人员安排、运营管理等方面发挥主要作用，要确保建设质量和数量，而不

# 第八章 我国农村公共服务供给的减贫效应提升对策研究

是简单地参与分工合作。同时，各级政府也要不断激发农民、企业以及其他社会组织参与到农村公共服务供给中的积极性和主动性，通过多方共同合作，拓宽建设渠道，实现农村公共服务的有效供给，真正提高农村公共服务供给效率。可以说，政府主导下的一主多元供给模式在缓解财政压力、满足农村公共服务需求、整合农村资源、促进农村公共服务多样化发展方面发挥着重要作用，对于解决农村公共服务供给效率低下、数量不足等问题，加快推进扶贫攻坚战、实现乡村振兴具有非常重要的现实意义。

## 第三节 本章小结

在中国特色社会主义进入新时代背景下，与广大农民群众的需求相比，我国农村公共服务供给相对滞后以及供需失衡已成为影响农民幸福感、阻碍农村社会经济可持续发展的重要障碍。完善农村公共服务供给体系、提高农村公共服务供给效率，对于改善民生，优化农村生产生活环境，推进我国扶贫开发工作，构建稳定脱贫的长效机制，加快社会主义新农村建设，实现乡村振兴具有重要的现实意义。基于这一背景，本章从大力发展农村教育事业、加强农村基础设施建设、完善农村医疗服务体系、加强文化设施减贫作用、健全农村社会保障制度和推动农村公共服务供给模式的优化创新等角度提出完善农村公共服务供给体系、提升农村公共服务供给的减贫效应的对策建议，为切实提高农村公共服务供给水平、提升农村公共服务供给的减贫效应提供理论参考。

# 第九章 结论与展望

## 第一节 结论

党的十八大以来,党中央把农村贫困人口脱贫作为全面建成小康社会的底线任务,在全国范围内全面打响了脱贫攻坚战,扶贫工作取得决定性进展,九千多万贫困人口稳定脱贫,贫困发生率降为0.6%,超额完成减贫任务,为全球减贫事业做出了巨大贡献。但是,我国脱贫攻坚任务仍然十分艰巨,其中城乡区域发展和收入分配差距依然较大,公共服务领域还有不少"短板",难以充分满足农村居民的需求,尤其是农村地区的贫困人口在基础教育、医疗卫生、居住、养老、生育等方面仍面临不少难题,对农村社会经济发展产生较大的制约作用。如何改善我国农村公共服务供给、提高农村公共服务供给的减贫效应、夯实脱贫攻坚基础已成为社会各界关注的重点。

学术界从不同角度对农村公共服务供给的减贫效应进行了深入研究,也得到了不少有价值的结论,为本书的研究奠定了坚实理论基础。但是,现有研究缺少对我国农村地区公共服务供给效率测度、农村公共服务供给减贫的作用机理以及不同类型农村公共服务供给的减贫效应的研究。基于此,本书将采用三阶段DEA模型和

# 第九章
## 结论与展望

Malmquist指数模型对我国农村公共服务的供给效率进行综合评价与比较分析，运用贫困发生率和农村居民恩格尔系数测算我国不同省份的农村贫困程度，进而实证检验我国农村公共服务供给的减贫效应，并对不同类型农村公共服务供给的减贫效应进行测度和比较分析，探究影响农村公共服务减贫效应的重要的内外部因素，比较分析美国、日本、德国和印度等发达国家和发展中国家的农村公共服务供给经验和先进做法，进而提出提升农村公共服务供给的减贫效应的政策支持体系。本书的研究得到如下结论：

（1）贫困是一种全球性的社会现象，也是一项世纪性难题，关乎人类的生存和发展。长期以来，如何消除贫困尤其是农村贫困也成为社会各界致力于解决的重大问题。在减少贫困尤其是农村贫困人口的过程中，农村公共服务供给发挥了重要作用，改善农村的教育事业、医疗卫生、文化设施、基础设施、社会保障等公共服务的供给状况是优化农村发展环境、促进农村社会经济持续发展、减少农村贫困人口、增强贫困人口内生动力和自我发展能力的基本保障，也是我国扶贫开发工作进入脱贫攻坚期后，实现在现行标准下农村贫困人口全面脱贫的一个关键举措。

（2）从农村公共服务供给效率的评价、农村贫困人口的识别、农村贫困程度测度、农村教育发展的减贫效应、农村医疗卫生的减贫效应、农村基础设施的减贫效应、农村文化设施的减贫效应、农村社会保障的减贫效应以及消除农村贫困的政策选择等维度系统梳理国内外的研究现状，准确归纳我国农村公共服务供给和农村贫困的总体情况，指出我国农村公共服务供给中存在供给总量不足、供需结构失衡、公共服务供给的城乡失衡、农村公共服务供给效率低下、农村公共服务建设渠道单一等典型问题，并剖析了产生这些问题的根源；进而归纳得出我国现阶段扶贫开发工作中存在深度贫困问题依然突出、产业扶贫效应有待提升、贫困识别标志尚需完善、扶贫资源配置效率较低、扶贫考核机制有待健全等问题，进而初步掌握了我国农村公共服务供给和农村贫困的总体情况，为研究农村公共服务供给的减贫效应奠定了坚实基础。由此可知，要提高农村公共服务供给的减贫效应，需要针对不同类型农村公共服务与贫困的关系提出改善农村公共服务供给、提升其减贫效应的对策建议。

（3）从农村教育发展、农村医疗卫生、农村基础设施、农村文化设施和农村社会保障制度等层面详细探讨了农村公共服务供给减贫的作用机理以及农村公共服务供给对贫困的作用路径。同时，科学评价农村公共服务供给效率是实证检验其减贫效应的前提。本书构建包括投入指标、产出指标和环境指标的农村公共服务供给效率评价指标体系，采用三阶段 DEA 模型对我国农村公共服务的供给效率进行静态分析；同时，本书采用 Malmquist 指数模型对我国 30 个省份 2011—2016 年的农村公共服务供给效率进行评价与动态分析，并将上述两种方法所得到的评价结果进行比较研究，以全面考察农村公共服务供给效率的静态和动态变化情况，研究发现 2011 年以来我国农村公共服务的供给效率在整体上呈现出提升趋势，技术进步是引起我国农村公共服务的全要素生产率增长的主要原因，而技术效率在我国农村公共服务的全要素生产率增长中所起的促进作用则较小；从区域层面看，中部地区农村公共服务全要素生产率的指数值最高，东部地区次之，西部地区最低。

（4）为了进一步研究农村公共服务影响贫困减缓的结构性差异，在上文采用不同方法测度农村公共服务供给效率的基础上，本书选择我国 2011—2016 年 24 个省（区、市）组成的面板数据，采用两步系统广义矩估计法进行实证检验，研究发现我国农村公共服务供给效率的提高产生了明显的减贫效应，产业结构、农业劳动生产率和农村剩余劳动力转移等变量产生了十分显著的减贫效应，在农村贫困人口减少过程中发挥了重要作用，而城镇化和对外开放的减贫效应不显著，其减贫效应尚未体现出来；农村基础教育、农村医疗卫生和农村基础设施等的赋能化减贫效应更为明显，在减贫增收中发挥了重要作用，而农村文化设施和农村社会保障制度的减贫效果并不明显。进一步比较分析发现，由不同类型农村公共服务供

# 第九章
## 结论与展望

给的估计系数可知，农村基础设施的减贫效应最大，农村教育事业发展的减贫效应次之，农村医疗卫生的减贫效应最小。

（5）农村公共服务作为精准扶贫的重要助推器，其短缺和供需结构的不优已成为扶贫攻坚阶段贫困人口致贫和返贫的突出因素。对此，在我国农村公共服务供给过程中需要加大地方财政对公共服务建设的投入力度、确定不同发展阶段农村公共服务供给的重点、推进公共服务供给多元化和健全监督管理机制。在此基础上，在减贫框架设计中融入农村公共服务供给，根据不同时期的政策目标，从大力发展农村教育事业、加强农村基础设施建设、完善农村医疗服务体系、健全农村社会保障制度、加强文化事业减贫作用和推动农村公共服务供给模式优化创新等方面提出提升农村公共服务供给的减贫效应的对策建议，以夯实贫困地区和贫困人口稳定脱贫的基础，高质量打赢脱贫攻坚战。

## 第二节　展望

本书在现实分析和理论分析的基础上，探讨了不同类型农村公共服务供给减贫的作用机理，测度了我国农村公共服务供给效率，运用2011—2016年中国24个省（区、市）组成的面板数据实证检验了农村公共服务供给对贫困的影响效应，甄别了减贫效应的主要影响因素，取得了一定成果。然而，受笔者研究水平和研究数据不足的限制，本书还有一些需要改进的地方，存在如下研究主题有待进一步深入研究。

第一，本书选取省级层面的贫困与相关指标的数据进行研究得到了研究结论，对掌握我国农村公共服务供给和农村贫困的现状、改善我国农村公共服务供给效率、提升其减贫效应具有一定现实意义。但是，由于在实证过程中采用的是省级层面的统计数据，无法进一步分析农村公共服务对不同类型和不同收入水平的贫困人口收入的影响效应以及影响贫困人口公共服务获得感的相关因素；若能够获取微观层面的数据，将有助于进一步细化本书的实证研究，研究成果也更加具有针对性，这也是下一步研究的重要方向。

第二，本书基于数据可获得性，并参考了相关研究方法，选取农村贫困发生率和农村居民恩格尔系数作为农村贫困的衡量指标，进而实证检验了农村公共服务的减贫效应，在一定程度上探究了农村公共服务供给对贫困的影响，甄别出了影响农村公共服务供给的减贫效应的主要影响因素，得到了一些有意义的结论。但是，由于没有采用其他衡量指标进行稳健性检验，有可能在关键指标的测度或控制变量的选取上存在一定偏差，将使本书的实证检验结果存在偏误。基于此，笔者将在下一阶段的研究中探索如何构建更加准确的农村贫困的衡量指标进行实证分析，以提高估计结果的稳健性。

第三，建立多主体微观政策干预仿真系统，模拟不同类型和强度的农村公共服务供给的预期减贫效应。对政策实施效果进行仿真模拟分析是优化制度设计、完善政策支持体系的重要手段。在后续的研究中将通过问卷调研、深度访谈、购买微观数据库的数据等渠道搜集微观数据，采用 NetLogo 仿真平台建立多主体微观政策干预仿真系统，对不同类型和强度的政策方案的实施效果以及不同政策方案对农村贫困的传导机制及影响效果进行模拟分析，为后续的政策研究提供理论依据，进而提出更科学、更有针对性的对策措施。

# 参考文献

阿玛蒂亚·森：《以自由看待发展》，中国人民大学出版社 2012 年版。

阿瑟·刘易斯：《经济增长理论》，周师铭、沈丙杰、沈伯根译，商务印书馆 1996 年版。

白浩然、李敏、刘奕伶：《复合治理：地方脱贫进路的一个理论解释——基于 153 个脱贫摘帽县的扎根研究》，《公共行政评论》2020 年第 1 期。

白永秀、吴杨辰浩：《论建立解决相对贫困的长效机制》，《福建论坛》（人文社会科学版）2020 年第 3 期。

鲍震宇、赵元凤：《农村居民医疗保险的反贫困效果研究——基于 PSM 的实证分析》，《江西财经大学学报》2018 年第 1 期。

边晓红、段小虎、王军、刘亚玲、闫小斌：《"文化扶贫"与农村居民文化"自组织"能力建设》，《图书馆论坛》2016 年第 2 期。

陈崇林：《新农村建设和公共服务》，中国社会出版社 2006 年版。

陈飞、卢建词：《收入增长与分配结构扭曲的农村减贫效应研究》，《经济研究》2014 年第 2 期。

陈辉、张全红：《基于多维贫困测度的贫困精准识别及精准扶贫对策——以粤北山区为例》，《广东财经大学学报》2016 年第 3 期。

陈全功、程蹊：《长期贫困为什么难以消除？——来自扶贫重点县教育发展的证据》，《西北人口》2006 年第 3 期。

陈先哲、全俊亘：《从"失学少年"到"失足青年"的生成与治理——农村教育贫困的一种文化学解释》，《中国青年研究》2020年第7期。

陈燕凤、夏庆杰：《中国多维扶贫的成就及展望》，《劳动经济研究》2018年第2期。

陈钊：《中国城乡发展的政治经济学》，《南方经济》2011年第8期。

程名望、Jin Yanhong、盖庆恩、史清华：《农村减贫：应该更关注教育还是健康？——基于收入增长和差距缩小双重视角的实证》，《经济研究》2014年第11期。

单德朋：《教育效能和结构对西部地区贫困减缓的影响研究》，《中国人口科学》2012年第5期。

丁建军、冷志明、于正东、李湘玲：《经济多样性的减贫效应——基于美国阿巴拉契亚地区的经验》，《中国工业经济》2016年第6期。

段世江、孙玉、李竞博：《环首都贫困带农村贫困家庭识别及其特征》，《河北大学学报》（哲学社会科学版）2014年第6期。

段小虎、张惠君、万行明：《政府购买公共文化服务制度安排与项目制"文化扶贫"研究》，《图书馆论坛》2016年第4期。

方堃：《当代中国新型农村服务体系研究——基于"三角模型"的分析框架》，中国社会科学出版社2010年版。

方清云：《贫困文化理论对文化扶贫的启示及对策建议》，《广西民族研究》2012年第4期。

冯永财：《西部地区高校图书馆服务社会的现实困境与突破路径》，《图书馆》2016年第10期。

傅才武、刘倩：《农村公共文化服务供需失衡背后的体制溯源——以文化惠民工程为中心的调查》，《山东大学学报》（哲学社会科学版）2020年第1期。

高明、唐丽霞：《多维贫困的精准识别——基于修正的FGT多维贫困测量方法》,《经济评论》2018年第2期。

高艳云、马瑜:《多维框架下中国家庭贫困的动态识别》,《统计研究》2013年第12期。

高颖、李善同:《基于CGE模型对中国基础设施建设的减贫效应分析》,《数量经济技术经济研究》2006年第6期。

公丕明、公丕宏:《精准扶贫脱贫攻坚中社会保障兜底扶贫研究》,《云南民族大学学报》(哲学社会科学版)2017年第6期。

龚维进、覃成林、李超:《中国财政支出的减贫效应——基于结构与空间视角》,《经济与管理研究》2018年第5期。

桂胜、赵淑红:《农村文化扶贫的路径探索——户籍在外之"故乡人"的"反哺"》,《西南民族大学学报》(人文社会科学版)2017年第1期。

郭劲光、高静美:《我国基础设施建设投资的减贫效果研究:1987—2006》,《农业经济问题》2009年第9期。

郭君平:《交通基础设施建设的农村减贫效应》,《贵州农业科学》2013年第12期。

韩华为、徐月宾:《中国农村低保制度的反贫困效应研究——来自中西部五省的经验证据》,《经济评论》2014年第6期。

何立华:《精准扶贫背景下的贫困人口识别:理论、实践与政策》,《中南民族大学学报》(人文社会科学版)2017年第2期。

胡洪曙、武锶芪:《中国基本公共服务供给效率的评价与供给方式优化——基于省级面板数据的DEA分析》,《财经论丛》2020年第1期。

胡联、汪三贵:《我国建档立卡面临精英俘获的挑战吗?》,《管理世界》2017年第1期。

胡联、王唤明、王艳、汪三贵:《政治关联与扶贫项目瞄准》,《财经研究》2017年第9期。

胡玉杰、彭徽:《财政分权、晋升激励与农村医疗卫生公共服务供给——基于我国省际面板数据的实证研究》,《当代财经》2019

年第 4 期。

胡原、卢冲、曾维忠：《四省藏区多维贫困空间分异及基层能力建设》，《经济地理》2020 年第 2 期。

黄国武、仇雨临、肖喻心：《深度贫困地区健康扶贫研究：以四川凉山州分级诊疗为例》，《中央民族大学学报》（哲学社会科学版）2018 年第 5 期。

暨爱民：《"文化"的扶贫逻辑——基于生态文明视角的分析》，《南京社会科学》2020 年第 7 期。

姜洁、付玉联、曾利辉：《西部地区精准健康扶贫模式探析——基于四川大学华西医院的案例分析》，《西南民族大学学报》（人文社会科学版）2017 年第 6 期。

金慧、余启军：《精准扶贫背景下驻村工作队的文化扶贫作用与机制构建——以湖北通城县 H 村 Z 大学驻村工作队为例》，《湖北社会科学》2019 年第 8 期。

鞠晴江：《道路基础设施、经济增长和减贫——基于四川的实证分析》，《软科学》2006 年第 6 期。

乐为、钟意：《农民负担率与农村公共物品供给效率失衡研究》，《农业经济问题》2014 年第 10 期。

雷晓康、汪静：《乡村振兴背景下农村贫困地区韧性治理的实现路径与推进策略》，《济南大学学报》（社会科学版）2020 年第 1 期。

冷哲、黄佳民、仲昭朋：《我国农村公共产品供给效率区域差异研究》，《农业技术经济》2016 年第 5 期。

李宝山：《基于收入和支出识别测量贫困的差异研究》，《调研世界》2018 年第 4 期。

李建萍、辛大楞、宋彩霞：《高铁开通的减贫效应——基于中国 280 个地级及以上城市的双重差分法实证研究》，《安徽师范大学学报》（人文社会科学版）2020 年第 4 期。

李金叶、陈艳：《深度贫困地区农户多维返贫测度与分解研究》,《干旱区资源与环境》2020年第9期。

李俊杰、宋来胜:《教育助推"三区三州"跨越贫困陷阱的对策研究》,《民族教育研究》2020年第1期。

李丽、蔡超:《基于贫困脆弱性视角的农村公共产品供给研究》,《财政研究》2014年第1期。

李强谊、钟水映、曾伏娥:《职业教育与普通教育:哪种更能减贫?》,《教育与经济》2019年第4期。

李松有:《"结构—关系—主体"视角下农村贫困治理有效实现路径——基于广西15个县45个行政村878户农民调查研究》,《当代经济管理》2020年第1期。

李伟:《教育与健康水平对农户劳动生产率的影响:对中国农村贫困地区的一项研究》,《市场与人口分析》2001年第9期。

李勇刚:《收入差距、房价水平与农村剩余劳动力转移——基于面板联立方程模型的经验分析》,《华中科技大学学报》(社会科学版)2016年第1期。

李雨、周宏:《差异视角下基建投资、产业扶贫与"结对帮扶"减贫效应研究》,《华中农业大学学报》(社会科学版)2020年第2期。

梁漱溟:《乡村建设理论》,中国民主法制出版社2012年版。

廖文梅、邱海兰、秦克清、彭泰中:《健康水平对农村贫困户脱贫的影响——来自789户贫困户的调查》,《调研世界》2018年第9期。

刘畅:《农村公共投资、公共服务与中国益贫式增长》,《农业经济问题》2012年第6期。

刘汉成、陶建平:《倾斜性医疗保险扶贫政策的减贫效应与路径优化》,《社会保障研究》2020年第4期。

刘建:《贫困治理中的国家自主性及其提升路径——基于L乡农村精准扶贫的案例分析》,《湖南农业大学学报》(社会科学版)2019年第6期。

刘俊英：《中国政府民生服务及其减贫效应分析》，《经济问题探索》2013年第9期。

刘娜、李海金：《权力运作视野下贫困瞄准偏离与优化研究》，《广西大学学报》（哲学社会科学版）2018年第6期。

刘生龙、胡鞍钢：《基础设施的外部性在中国的检验：1988—2007》，《经济研究》2010年第3期。

刘苏荣：《论人口较少民族对农村社会救助的现实需求——基于对8个人口较少民族245户家庭的入户调查,》《湖北民族学院学报》（哲学社会科学版）2016年第3期。

刘天军、唐娟莉、霍学喜、朱玉春：《农村公共物品供给效率测度及影响因素研究——基于陕西省的面板数据》，《农业技术经济》2012年第2期。

刘玮琳、夏英：《我国农村基本公共服务供给效率研究——基于三阶段 DEA 模型和三阶段 Malmquist 模型》，《现代经济探讨》2018年第3期。

刘小珉：《民族地区农村最低生活保障制度的反贫困效应研究》，《民族研究》2015年第2期。

刘晓昀、辛贤、毛学峰：《贫困地区农村基础设施投资对农户收入和支出的影响》，《中国农村观察》2003年第1期。

刘欣：《功能整合与发展转型：精准扶贫视阈下的农村社会救助研究——以贵州省社会救助兜底扶贫实践为例》，《贵州社会科学》2016年第10期。

刘修岩、章元、贺小海：《教育与消除农村贫困——基于上海市农户调查数据的实证研究》，《中国农村经济》2007年第10期。

刘玉安、徐琪新：《从精准扶贫看完善农村社会保障制度的紧迫性》，《东岳论丛》2020年第2期。

卢盛峰、时良彦、金行：《中国代际贫困的传递特征测度及财政治理研究》，《财贸研究》2020年第5期。

鲁建彪：《关于民族贫困地区扶贫路径选择的理性思考》，《经济问题探索》2011 年第 5 期。

罗楚亮：《经济增长、收入差距与农村减贫》，《经济研究》2012 年第 2 期。

罗楚亮：《农村贫困的动态变化》，《经济研究》2010 年第 5 期。

罗登跃：《三阶段 DEA 模型管理无效率估计注记》，《统计研究》2012 年第 4 期。

马光华、滑小莉、党晓红、刘艳：《历史地理空间视角下的"文化扶贫"研究——六盘山地区陕西回族后裔文化生活考察》，《图书馆论坛》2016 年第 12 期。

马斯洛：《动机与人格》，中国人民大学出版社 2012 年版。

宁亚芳：《滇西边境农村社会救助减贫成效及其制约因素——以澜沧县为例》，《云南民族大学学报》（哲学社会科学版）2016 年第 4 期。

欧阳志刚：《农民医疗卫生支出影响因素的综列协整分析》，《世界经济》2007 年第 9 期。

潘春阳、吴柏钧：《腐败控制、私人部门参与基础设施提供与反贫困效应——来自发展中国家的经验证据（1996—2014）》，《南方经济》2019 年第 1 期。

青觉、王伟：《民族地区精准扶贫的文化分析》，《西南民族大学学报》（人文社会科学版）2017 年第 4 期。

渠鲲飞、左停：《农产品供给效率悖论分析与政策启示——基于中国农户数据的实证分析》，《农村经济》2018 年第 10 期。

沈扬扬、詹鹏、李实：《扶贫政策演进下的中国农村多维贫困》，《经济学动态》2018 年第 7 期。

孙咏梅：《多维视角下的隐性贫困测度及其影响因素探究——基于我国建筑业农民工贫困度的调查》，《社会科学辑刊》2019 年第 6 期。

唐娟莉：《农村公共服务投资技术效率测算及其影响因素分

析》,《统计与信息论坛》2014年第2期。

唐任伍、肖彦博、唐常:《后精准扶贫时代的贫困治理——制度安排和路径选择》,《北京师范大学学报》(社会科学版)2020年第1期。

田飞丽、陈飞:《我国农村贫困指数测度及政策减贫效应研究》,《东北财经大学学报》2014年第4期。

完颜邓邓、胡佳豪:《欠发达地区农村公共数字文化服务供给与利用——基于湖南省衡南县的田野调查》,《图书情报工作》2019年第16期。

万里洋、吴和成:《中国城市家庭脱贫可持续性发展研究——基于贫困脆弱性视角》,《东北大学学报》(社会科学版)2020年第2期。

汪磊、伍国勇:《精准扶贫视域下我国农村地区贫困人口识别机制研究》,《农村经济》2016年第7期。

汪三贵:《在发展中战胜贫困——对中国30年大规模减贫经验的总结与评价》,《管理世界》2008年第11期。

汪三贵:《中国40年大规模减贫:推动力量与制度基础》,《中国人民大学学报》2018年第6期。

汪三贵:《中国扶贫绩效与精准扶贫》,《政治经济学评论》2020年第1期。

汪三贵、李文:《扶持农村绝对贫困人口的对策》,《科学决策》2005年第5期。

汪三贵、刘明月:《健康扶贫的作用机制、实施困境与政策选择》,《新疆师范大学学报》(哲学社会科学版)2019年第3期。

汪三贵、王姮、王萍萍:《中国农村贫困家庭的识别》,《农业技术经济》2007年第1期。

汪三贵、曾小溪:《从区域扶贫开发到精准扶贫——改革开放40年中国扶贫政策的演进及脱贫攻坚的难点和对策》,《农业经济问题》2018年第8期。

王博、张建、朱玉春：《深度贫困地区多维贫困测度与反贫困路径探析》，《西北农林科技大学学报》（社会科学版）2019年第6期。

王福：《复杂网络视角下的内蒙古精准文化扶贫体系模型构建》，《图书馆论坛》2016年第10期。

王海港、黄少安、李琴、罗凤金：《职业技能培训对农村居民非农收入的影响》，《经济研究》2009年第9期。

王建民：《扶贫开发与少数民族文化——以少数民族主体性讨论为核心》，《民族研究》2012年第3期。

王小林、Sabina Alkire：《中国多维贫困测量：估计和政策含义》，《中国农村经济》2009年第12期。

王杨：《从脱轨到耦合：公共文化服务供给的价值诉求》，《求实》2019年第6期。

王尧：《基于精准扶贫视角的图书馆文化扶贫精准识别研究》，《图书馆工作与研究》2016年第5期。

王艺明、刘志红：《大型公共支出项目的政策效果评估——以"八七扶贫攻坚计划"为例》，《财贸经济》2016年第1期。

王瑜、汪三贵：《基本公共服务减贫：理论概念、现实关切与评估建议》，《贵州社会科学》2018年第9期。

王震：《公共政策70年：社会保障与公共服务供给体系的发展与改革》，《北京工业大学学报》（社会科学版）2019年第5期。

王志章、郝立：《中国与东盟反贫困合作路径研究》，《广西社会科学》2017年第1期。

王志章、杨珂凡：《教育阻断边疆民族地区代际贫困的具体路理——基于云南省怒江傈僳族自治州泸水市老窝镇的实地调查》，《云南师范大学学报》（哲学社会科学版）2020年第4期。

王祖祥、范传强、何耀：《中国农村贫困评估研究》，《管理世界》2006年第3期。

魏众、古斯塔夫森：《中国居民医疗支出不公平性分析》，《经济研究》2005 年第 12 期。

吴本健：《新型农村合作医疗制度对贫困缓解的作用——基于收入和热量贫困线的比较分析》，《社会保障评论》2018 年第 2 期。

谢迪、吴春梅：《村庄治理对公共服务效率的影响：解析鄂省 1098 份问卷》，《改革》2013 年第 11 期。

谢迪、吴春梅：《农民理性、村庄治理与农村公共服务效率关系的实证分析——以湖北省为例》，《农村经济》2015 年第 6 期。

谢申祥、刘生龙、李强：《基础设施的可获得性与农村减贫——来自中国微观数据的经验分析》，《中国农村经济》2018 年第 5 期。

辛秋水：《文化扶贫的发展过程和历史价值》，《福建论坛》（人文社会科学版）2010 年第 3 期。

辛贤、毛学峰、罗万纯：《中国农民素质评价及区域差异》，《中国农村经济》2005 年第 9 期。

熊兴、余兴厚、黄玲：《乡村振兴战略视域下农村公共产品减贫效应的结构性分析》，《统计与信息论坛》2019 年第 3 期。

徐超、李林木：《城乡低保是否有助于未来减贫——基于贫困脆弱性的实证分析》，《财贸经济》2017 年第 5 期。

徐小青：《中国农村公共服务》，中国发展出版社 2002 年版。

徐月宾、刘凤芹、张秀兰：《中国农村反贫困政策的反思——从社会救助向社会保护转变》，《中国社会科学》2007 年第 3 期。

闫小斌：《贫困地区文化扶贫之价值目标：走向空间正义》，《图书馆建设》2017 年第 1 期。

闫小斌、高延玲：《美国农村再造计划中的文化信息服务——以美国农业图书馆农村信息中心为例》，《图书馆论坛》2017 年第 2 期。

严奉宪、刘诗慧：《基于农户需求的农业减灾公共品供给效率研究——以湖北省三个县市为例》，《农村经济》2015 年第 11 期。

杨斌：《农村现代公共文化服务体系建设：成就、问题与路径——基于西安市的调查》,《图书馆杂志》2019 年第 11 期。

杨帆、庄天慧、王卓:《城市流动人口贫困识别与精准帮扶管理机制研究》,《内蒙古社会科学》(汉文版) 2019 年第 3 期。

杨国涛、孟令杰、李鹏宇:《宁夏农村贫困程度的估算与模拟》,《农业技术经济》2005 年第 4 期。

杨辉、李翠霞:《农村公共产品供给的效率问题研究——基于黑龙江省 13 地市面板数据分析》,《云南民族大学学报》(哲学社会科学版) 2013 年第 6 期。

杨均华、刘璨:《精准扶贫背景下农户脱贫的决定因素与反贫困策略》,《数量经济技术经济研究》2019 年第 7 期。

杨俊、黄潇:《基于教育差距引致农村贫困的背景观察》,《改革》2010 年第 3 期。

杨龙、汪三贵:《贫困地区农户的多维贫困测量与分解——基于 2010 年中国农村贫困监测的农户数据》,《人口学刊》2015 年第 2 期。

杨穗:《社会保障助力精准脱贫的机理、挑战与对策》,《中国发展观察》2018 年第 8 期。

杨穗、鲍传健:《改革开放 40 年中国社会救助减贫:实践、绩效与前瞻》,《改革》2018 年第 12 期。

杨振、江琪、刘会敏、王晓霞:《中国农村居民多维贫困测度与空间格局》,《经济地理》2015 年第 12 期。

姚林香、欧阳建勇:《我国农村公共文化服务财政政策绩效的实证分析——基于 DEA – Tobit 理论模型》,《财政研究》2018 年第 4 期。

叶兴庆、殷浩栋:《从消除绝对贫困到缓解相对贫困:中国减贫历程与 2020 年后的减贫战略》,《改革》2019 年第 12 期。

殷浩栋、汪三贵、曾小溪:《交易成本视角下小型基础设施减贫机制——基于彩票公益金扶贫项目的分析》,《贵州社会科学》2018 年第 2 期。

殷浩栋、王瑜、汪三贵：《易地扶贫搬迁户的识别：多维贫困测度及分解》，《中国人口·资源与环境》2017年第11期。

尹莉、刘洪：《国家"八七扶贫攻坚计划"实施以来图书馆文化扶贫研究综述》，《图书馆论坛》2017年第1期。

袁利平、姜嘉伟：《教育扶贫的作用机制与路径创新》，《西北农林科技大学学报》（社会科学版）2020年第2期。

袁锐：《农村公共文化服务的供需失衡难题何解》，《人民论坛》2019年第14期。

曾福生、曾小溪：《基本公共服务减贫实证研究——以湖南省为例》，《农业技术经济》2013年第8期。

曾小溪、曾福生：《基本公共服务减贫作用机理研究》，《贵州社会科学》2012年第12期。

翟绍果：《健康贫困的协同治理：逻辑、经验与路径》，《治理研究》2018年第5期。

张车伟：《营养、健康与效率——来自中国贫困农村的证据》，《经济研究》2003年第1期。

张建勋、夏咏：《深度贫困地区多维贫困测度与时空分异特征——来自新疆南疆四地州的证据》，《干旱区资源与环境》2020年第4期。

张克中、冯俊诚、鲁元平：《财政分权有利于贫困减少吗？——来自分税制改革后的省际证据》，《数量经济技术经济研究》2010年第12期。

张鸣鸣：《我国农村公共产品效率评价——基于DEA方法的时间单元检验》，《经济体制改革》2010年第1期。

张培丽、陈畅：《经济增长框架下的基础设施投资研究——一个国外的文献综述》，《经济学家》2015年第3期。

张全红：《中国多维贫困的动态变化：1991—2011》，《财经研究》2015年第4期。

张全红、周强：《中国贫困测度的多维方法和实证应用》，《中国软科学》2015 年第 7 期。

张世定:《文化扶贫:贫困文化视阈下扶贫开发的新审思》,《中华文化论坛》2016 年第 1 期。

张文娟、马凯悦、金良:《基于多维贫困测度的贫困识别及扶贫策略研究——以内蒙古自治区兴安盟科右中旗为例》,《干旱区资源与环境》2019 年第 12 期。

张晓静、冯星光:《贫困的识别、加总与分解》,《上海经济研究》2008 年第 10 期。

张璇玥、姚树洁:《2010—2018 年中国农村多维贫困:分布与特征》,《农业经济问题》2020 年第 7 期。

张勋、万广华:《中国的农村基础设施促进了包容性增长吗?》,《经济研究》2016 年第 10 期。

张应良、徐亚东:《农村公共服务供给与居民主观幸福感》,《农林经济管理学报》2020 年第 1 期。

张莹、万广华:《我国城市贫困地区差异之研究》,《管理世界》2006 年第 10 期。

张永丽、卢晓:《贫困性质转变下多维贫困及原因的识别——以甘肃省皋兰县六合村为例》,《湖北社会科学》2016 年第 6 期。

张昭、杨澄宇、袁强:《"收入导向型"多维贫困的识别与流动性研究——基于 CFPS 调查数据农村子样本的考察》,《经济理论与经济管理》2017 年第 2 期。

张仲芳:《精准扶贫政策背景下医疗保障反贫困研究》,《探索》2017 年第 2 期。

章元、万广华、刘修岩、许庆:《参与市场与农村贫困:一个微观分析的视角》,《世界经济》2009 年第 9 期。

赵黎:《新医改与中国农村医疗卫生事业的发展——十年经验、现实困境及善治推动》,《中国农村经济》2019 年第 9 期。

赵周华、霍兆昕:《农村基础设施建设对贫困民族地区减贫的影响——基于内蒙古 20 个国家级贫困县的实证研究》,《湖北民族大学学报》（哲学社会科学版）2020年第2期。

郑品芳、刘长庚：《贫困户精准识别困境及识别机制构建》，《经济地理》2018年第4期。

郑卫荣：《农村公共服务满意度分析与对策选择——以浙江省为例》，《华中农业大学学报》（社会科学版）2011年第1期。

钟学进：《旅游发展、基础设施建设与贫困减少——基于省级面板数据的实证研究》，《社会科学家》2020年第6期。

周云波、贺坤：《精准扶贫视角下收入贫困与多维贫困的瞄准性比较》，《财经科学》2020年第1期。

朱玲：《西藏农牧区基层公共服务供给与减少贫困》，《管理世界》2004年第4期。

朱梦冰、李实：《精准扶贫重在精准识别贫困人口——农村低保政策的瞄准效果分析》，《中国社会科学》2017年第9期。

朱盛艳、李瑞琴：《基本公共服务可获得性的农村贫困效应检验：基于增长效应与分配效应的双重审视》，《农村经济》2019年第8期。

朱玉春、唐娟莉、刘春梅：《基于DEA方法的中国农村公共服务效率评价》，《软科学》2010年第3期。

邹薇、方迎风：《关于中国贫困的动态多维度研究》，《中国人口科学》2011年第6期。

邹薇、方迎风：《怎样测度贫困：从单维到多维》，《国外社会科学》2012年第2期。

邹文杰、黄浩、朱鹏颐：《老龄化、城镇化与政府医疗卫生支出减贫效应——基于面板平滑转换模型的实证分析》，《福建论坛》（人文社会科学版）2018年第10期。

左停：《创新农村发展型社会救助政策——农村低保政策与其他社会救助政策发展能力视角的比较》，《苏州大学学报》（哲学社会科学版）2016年第5期。

左停、赵梦媛、金菁：《路径、机理与创新：社会保障促进精准扶贫的政策分析》,《华中农业大学学报》(社会科学版) 2018 年第 1 期。

左信:《文化扶贫:地方院校服务地方的战略选择》,《河北师范大学学报(教育科学版)》2017 年第 2 期。

Amartya Kumar Sen, "Poverty: An Ordinal Approach to Measurement", *Econometrica*, Vol. 44, No. 2, 1976, pp. 219 – 231.

Andrew Worthington, "Performance Indicators and Efficiency Measurement in Public Libraries", *Australian Economic Review*, Vol. 32, No. 1, 1999, pp. 31 – 42.

Antonio Estache, "Emerging Infrastructure Policy Issues in Developing Countries: A Survey of the Recent Economic Literature", *World Bank Policy Research Working Paper*, No. 3442, 2004.

Benny Geys, Wim Moesen, "Measuring Local Government Technical (in) Efficiency: An Application and Comparison of FDH, DEA, and Econometric Approaches", *Public Performance & Management Review*, Vol. 32, No. 4, 2009, pp. 499 – 513.

Bruno Cheli, Lemmi, A., "'Totally' Fuzzy and Relative Approach to the Multidimensional Analysis of Poverty", *Economic Notes*, Vol. 24, No. 1, 1995, pp. 115 – 134.

Caroline M. Hoxby, "The Productivity of Schools and Other Local Public Goods Providers", *Journal of Public Economics*, Vol. 74, No. 1, 1999, pp. 1 – 30.

Clayton P. Alderfer, "An Empirical Test of a New Theory of Human Need", *Organizational Behavior and Human Performance*, Vol. 4, No. 5, 1969, pp. 142 – 175.

David E. Sahn, Paul A. Dorosch, Stephen D. Younger, *Structural Adjustment Reconsidered: Economic Policy and Poverty in Africa*, Cambridge, MA: Cambridge University Press, 1997.

David H. Autor, Frank Levy, Richard J. Murnane, "The Skill Content of Recent Technological Change: An Empirical Exploration", *The Quarterly Journal of Economics*, Vol. 118, No. 4, 2003, pp. 1279 – 1333.

David Parker, Colin Kirkpatrick, Catarina Figueira – Theodorakopoulou, "Infrastructure Regulation and Poverty Reduction in Developing Countries: A Review of the Evidence and a Research Agenda", *The Quarterly Review of Economics and Finance*, Vol. 48, No. 2, 2008, pp. 177 – 188.

Diego Prior, Jordi Surroca, "Performance Measurement and Achievable Targets for Public Hospitals", *Journal of Accounting, Auditing&Finance*, Vol. 25, No. 4, 2010, pp. 749 – 765.

Douglas W. Caves, Laurits R. Christensen, Erwin Diewert, "The Economic Theory of Index Numbers and the Measurement of Input, Output, and Productivity", *Econometrica*, Vol. 50, No. 6, 1982, pp. 1393 – 1414.

Fare Rolf, Shawna Grosskopf, Mary Norris, Zhongyang Zhang, "Productivity Growth, Technical Progress, and Efficiency Change in Industrialized Countries", *The American Economic Review*, Vol. 87, No. 5, 1997, pp. 1040 – 1044.

François Bourguignon, Satya R. Chakravarty, "The Measurement of Multidimensional Poverty", *The Journal of Economic Inequality*, Vol. 1, No. 1, 2003, pp. 25 – 49.

Gibson John, Rozelle Scott, "Poverty And Access To Infrastructure in Papua New Guinea", *Economic Development and Cultural Change*, Vol. 52, No. 1, 2003, pp. 159 – 185.

Grytten, J., Rongen, G., "Efficiency in Provision of Public Dental Services in Norway", *Community Dent Oral Epidemiol*, Vol. 28, No. 3, 2000, pp. 170 – 186.

Gunnar Rongen, "Efficiency in the Provision of Local Public Goods in Norway", *European Journal of Political Economy*, Vol. 11, No. 2, 1995, pp. 253 – 264.

参考文献

Halbert White, "Instrumental Variables Regression with Independent Observations", *Econometrica*, Vol. 50, No. 4, 1982, pp. 483 – 499.

Hansen Lars Peter, "Large Sample Properties of Generalized Method of Moments Estimators", *Econometrica*, Vol. 50, No. 4, 1982, pp. 1029 – 1054.

Harold O. Fried, C. Knox Lovell, S. S. Schmidt, Suthathip Yaisawarng, "Accounting for Environmental Effects and Statistical Noise in Data Envelopment Analysis", *Journal of Productivity Analysis*, Vol. 17, No. 1 – 2, 2002, pp. 157 – 174.

James J. Heckman, "China's Human Capital Investment", *China Economic Review*, Vol. 16, No. 1, 2005, pp. 50 – 70.

Jay Bhattacharya, Darius Lakdawalla, "Does Medicare Benefit the Poor?", *Journal of Public Economics*, Vol. 90, No. 1 – 2, 2006, pp. 277 – 292.

Jere R. Behrman, "The Action of Human Resources and Poverty on One Another: What We Have Yet to Learn", *Living Standards Measurement Study Working Paper*, No. 74, 1990.

Jyotsna Jalan, Martin Ravallion, "Does Piped Water Reduce Diarrhea for Children in Rural India?", *Journal of Econometrics*, Vol. 112, No. 1, 2003, pp. 153 – 173.

Manuel Arellano, Stephen Bond, "Some Tests of Specification for Panel Data: Monte Carlo Evidence and an Application to Employment Equations", *The Review of Economic Studies*, Vol. 58, No. 2, 1991, pp. 277 – 297.

Martin Ravallion, "Poverty Comparisons – A Guide to Concepts and Methods", *Working Paper*, 1992.

Maslow, A. H., "Dynamics of Personality Organization Ⅱ", *Psychological Review*, Vol. 50, No. 5, 1943, pp. 514 – 539.

Michael Lokshin, Ruslan Yemtsov, "Has Rural Infrastructure Rehabilitation in Georgia Helped the Poor?", *World Bank Economic Review*, Vol. 19, No. 2, 2005, pp. 311 – 333.

Nead Kimberly, Walle Van de Dominique, *Public Spending and the Poor Theory and Evidence*, Baltimore, MD and London: Johns Hopkins University Press, 1995.

Peter Lanjouw, Menno Pradhan, Fadia Saadah, Sayed Haneen, "Poverty, Education, and Health in Indonesia: Who Benefits from Public Spending?", *World Bank Policy Research Working Paper*, No. 2739, 2002.

Rachel Slater, Mike Aiken, "Can't You Count? Public Service Delivery and Standardized Measurement Challenges – The Case of Community Composting", *Public Management Review*, Vol. 17, No. 8, 2017, pp. 1085 – 1102.

Richard Blundell, Stephen Bond, "Initial Conditions and Moment Restrictions in Dynamic Panel Data Models", *Journal of Econometrics*, Vol. 87, No. 1, 1998, pp. 115 – 143.

Rowntree, B. S., "Poverty: A Study of Town Life", *Charity Organisation Review*, Vol. 11, No. 65, 1902, pp. 260 – 266.

Ruth Wedgwood, "Education and Poverty Reduction in Tanzania", *International Journal of Educational Development*, Vol. 27, No. 4, 2007, pp. 383 – 396.

Sabina Alkire, James Foster, "Counting and Multidimensional Poverty Measurement", *Journal of Public Economics*, Vol. 95, No. 7 – 8, 2011, pp. 476 – 487.

Shenggen Fan, Xiaobo Zhang, "Infrastructure and Regional Economic Development in Rural China", *China Economic Review*, Vol. 15, No. 2, 2004, pp. 203 – 214.

Sreekanth Mallikarjun, Herbert F. Lewis, Thomas R. Sexton, "Operational Performance of US Public Rail Transit and Implications for Public

Policy", *Socio-Economic Planning Sciences*, Vol. 48, No. 1, 2014, pp. 74-88.

Vivi Alatas, Abhijit Banerjee, Rema Hanna, Benjamin A. Olken, Julia Tobias, "Targeting the Poor: Evidence from a Field Experiment in Indonesia", *American Economic Review*, Vol. 102, No. 4, 2012, pp. 1206-1240.

Wei Zou, Fen Zhang, Ziyin Zhuang, Hairong Song, "Transport Infrastructure, Growth, and Poverty Alleviation: Empirical Analysis of China", *Annals of Economics and Finance*, Vol. 9, No. 2, 2008, pp. 345-371.

Xavi Ramos, Jacques Silber, "On the Application of Efficiency Analysis to the Study of the Dimensions of Human Development", *Review of Income & Wealth*, Vol. 51, No. 2, 2005, pp. 285-309.

Xavier Bonal, "On Global Absences: Reflections on the Failings in the Education and Poverty Relationship in Latin America", *International Journal of Educational Development*, Vol. 27, No. 1, 2007, pp. 86-100.

Xiaobo Zhang, Ravi Kanbur, "Spatial Inequality in Education and Health Care in China", *China Economic Review*, Vol. 16, No. 2, 2003, pp. 189-204.